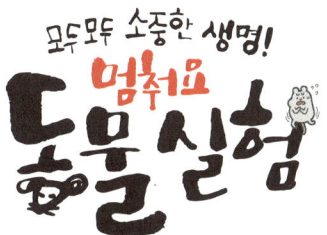

1판 2쇄 발행 2022년 11월 10일

| 글쓴이 | 이여니 |
| 그린이 | 김석 |

| 편집 | 이용혁 허준회 |
| 디자인 | 문지현 오나경 |

펴낸이	이경민
펴낸곳	㈜동아엠앤비
출판등록	2014년 3월 28일(제25100-2014-000025호)
주소	(03737) 서울특별시 서대문구 충정로 35-17 인촌빌딩 1층
홈페이지	www.moongchibooks.com
전화	(편집) 02-392-6901 (마케팅) 02-392-6900
팩스	02-392-6902
전자우편	damnb0401@naver.com
SNS	

ISBN 979-11-6363-324-2 (74400)

※ 잘못된 책은 구입한 곳에서 바꿔 드립니다.
※ 이 책에 실린 사진은 위키피디아, 셔터스톡에서 제공받았습니다.

도서출판 뭉치는 ㈜동아엠앤비의 어린이 출판 브랜드로, 아이들의 지식을 단단하게 만들어 주고, 아이들의 창의력과 사고력을 키워 주어 우리 자녀들이 융합형 창의 사고뭉치로 성장할 수 있도록 좋은 책을 만들겠습니다.

 펴내는 글

동물 실험을 해야만 하는 이유는 무엇일까?
동물의 권리는 무시되어도 괜찮은 걸까?

선생님의 질문에 교실은 일순간 조용해지기 시작합니다. 인내심이 한계에 다다른 선생님께서 콕 집어 누군가의 이름을 부르는 순간 내가 걸리지 않았다는 안도감에 금세 평온을 되찾지요. 많은 사람 앞에서 어떻게 말을 해야 할까 고민 한번 해 보지 않은 사람은 없을 겁니다.

사람들 앞에서 자신의 생각을 조리 있게 전달하는 기술은 국어 수업 시간에만 필요한 것이 아닙니다. 학교 교실뿐만 아니라 상급 학교 면접 자리 또는 성인이 된 후 회의에서도 자신의 의견을 분명히 표현할 수 있어야 합니다. 하지만 어디서부터 시작해야 할지 몰라 입을 떼는 일이 쉽지 않습니다. 혀끝에서 맴돌다 삼켜 버리는 일도 종종 있습니다. 얼떨결에 한마디 말을 하게 되더라도 뭔가 부족한 설명에 왠지 아쉬움이 들 때도 많습니다.

논리적 사고 과정과 순발력까지 필요로 하는 토론장에서 자신만의 목소리를 내려면 풍부한 배경지식은 기본입니다. 게다가 고학년으로 올라가서 배우는 수업과 진학 시험에서의 논술은 교과서 속의 내용만을 요구하지 않습니다. 또한 상대의 의견을 받아들이거나 비판하기 위해서도 의견의 타당성과 높은 수준의 가치 판단을 해야 하는 경우가 많은데, 자신의 입장을 분명히 하기 위해선 풍부한 자료와 논거가 필요합니다.

토론왕 시리즈는 사회에서 일어나는 다양한 사건과 시사 상식 그리고 해마다 반복

되는 화젯거리 등을 초등학교 수준에서 학습하고 자신의 말로 표현할 수 있도록 기획되었습니다. 체계적이고 널리 인정받은 여러 콘텐츠를 수집해 정리하였고, 전문 작가들이 학생들의 발달 상황에 맞게 스토리를 구성하였습니다. 개별적으로 만들어진 교과서에서는 접할 수 없는 구성으로 주제와 내용을 엮어 어린 독자들이 과학적 사고뿐만 아니라 문제 해결력, 비판적 사고력을 두루 경험할 수 있도록 하였습니다. 폭넓은 정보를 서로 연결 지어 설명함으로써 교과별로 조각나 있는 지식을 엮어 배경지식을 보다 탄탄하게 만들어 줍니다. 뿐만 아니라 국어를 기본으로 과학에서부터 역사, 지리, 사회, 예술에 이르기까지 상식과 사회에 대한 감각을 익히고 세상을 올바르게 바라보는 눈도 갖게 할 것입니다.

『모두 모두 소중한 생명! 멈춰요 동물 실험』은 최초의 우주비행견 라이카와 실험용 쥐의 아이 쪽쪽이가 보고 들은 동물 실험의 실태를 다루고 있습니다. 매년 2억 마리에 가까운 동물들이 실험용으로 쓰이고, 실험이 끝난 뒤에는 안락사로 죽어 갑니다. 이 책을 통해 동물 실험의 의미와 동물들의 생명에 대해 생각해 볼 수 있다면 더없이 소중한 시간이 될 것입니다.

편집부

 차례

펴내는 글 · 4
쪽쪽이의 친엄마를 찾아서! · 8

1장 아수라장이 된 위령제 · 11

라이카와 쪽쪽이

비글로 변한 민국이

오싹한 실험실

토론왕 되기!! 가상 재판 판사가 되어주세요!

2장 쪽쪽이의 탄생에 관한 비밀 · 37

원숭이 할아버지

실험실의 또 다른 생명체

밝혀진 탄생의 비밀

토론왕 되기!! 동물 실험은 꼭 필요할까?

뭉치 토론 만화
말하는 침팬지 · 61

3장 모카, 민국이 · 69

민국이의 운명

라이카의 죽음

실험견이 된 모카

 실험 동물의 고통, 사람도 괴로워요!

4장 끝나지 않은 실험 · 93

세상 밖으로

돌아온 민국이

동물 실험의 미래

 동물 실험 대체 기술에는 무엇이 있을까?

어려운 용어를 파헤치자! · 117
동물 실험 관련 사이트 · 118
신 나는 토론을 위한 맞춤 가이드 · 119

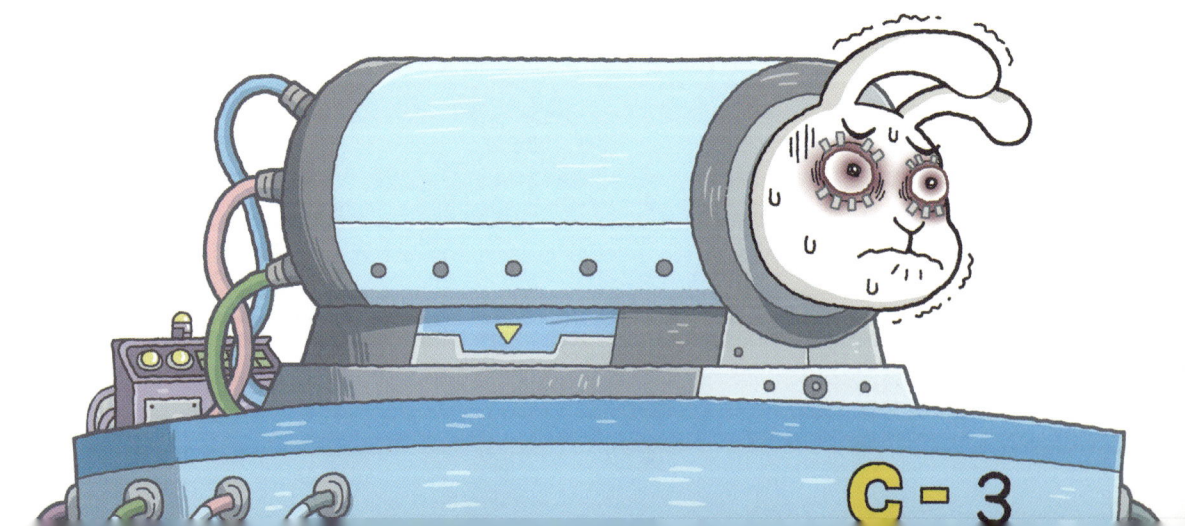

1장

아수라장이 된 위령제

라이카와 쪽쪽이

"우리를 위해 죽어 간 이름 없는 동물들을 위해 묵념."

하얀 가운을 입은 사람들이 고개를 숙였어요. 라이카는 고개를 홱 돌렸어요. 그 바람에 양쪽 귀가 펄럭거렸어요. 라이카의 오른쪽에 앉은 쪽쪽이는 손가락을 쪽쪽거리며 빠느라 정신이 없었어요. 라이카는 쪽쪽이를 자기 쪽으로 끌어당겼어요. 오후의 뜨거운 태양을 피해 그늘을 만들어 주고 싶었어요. 그러다 피식 웃었어요. 유령에게 그늘이라니······.

"이제 그만 먹지."

라이카의 목소리가 낮게 깔렸어요.

"시러엉."

양쪽 볼 가득 해바라기 씨앗을 넣은 쪽쪽이는 고개를 잘래잘래 흔들었어요. 라이카는 이를 드러내면서 으르렁거리다 금방 입을 다물었어요.

라이카는 쪽쪽이를 만났던 날을 떠올렸어요. 일 년 전 이곳에서 쪽쪽이를 처음 보았어요. 솜털조차 나지 않았던 작은 분홍 덩어리. 꼬물꼬물 움직여서 작은 입 속에 먹을 것을 넣고 또 넣던 생쥐. 실험실에서 죽은 동물들이 하늘로 이어진 노란 빛을 따라 올라갈 때 올라가지 않고 계속 먹고 있던 생쥐가 쪽쪽이였어요. 노란 빛이 다 사라지고 난 그 자리엔 쪽쪽이만 남았어요.

"엄마?"

쪽쪽이가 뱉은 첫 마디였어요. 새끼를 낳아 본 적

없는 라이카에게 엄마라니! 라이카는 어이가 없어 으르렁거렸어요. 그런데 쪽쪽이가 낑낑대며 라이카를 따라왔어요. 라이카는 쪽쪽이를 못 본 척했어요. 발로 슬쩍 밀어도 쪽쪽이는 버둥거리다 라이카를 또 따라왔어요. 마음 약한 라이카는 쪽쪽이를 품에 안았어요.

그렇게 라이카는 쪽쪽이의 엄마가 되었던 거예요. 이젠 쪽쪽이가 자신이 낳은 진짜 새끼처럼 느껴졌어요.

라이카는 아까부터 눈을 말똥말똥 뜨고 있는 남자아이가 눈에 거슬렸어요. 다들 눈을 감고 고개를 숙이고 있는데 그 아이만 눈동자를 굴리고 있었어요. 연구소에 다니는 장 박사의 아들 민국이였어요.

눈치를 보던 민국이가 상 위로 손을 뻗어서 밤 한 움큼을 주머니에 넣었어요. 위령제 따위는 관심 없다는 표정이었어요.

"제사상 음식에 손을 대다니 천벌을 받겠군."

라이카는 심드렁하게 민국이를 쳐다봤어요. 민국이는 주머니에서 밤을 꺼내 입안에 넣었어요. 와자작! 소리와 함께 맑았던 하늘에 거짓말처럼 먹구름이 몰려들었어요.

"자자, 이제 정리합시다."

민국이는 뭐가 급한지 손바닥에 남아 있던 밤을 한꺼번에 입속에 털어 넣었어요. 그때였어요.

"콰과과광!"

요란한 천둥소리와 함께 번개가 내리쳤어요. 주위가 순식간에 어두워지면서 비바람이 불기 시작했어요. 겁을 먹은 쪽쪽이가 라이카의 가슴으로 파고들었어요. 사람들은 비를 피해 이리 뛰고 저리 뛰었어요.

"갑자기 무슨 비바람이래!"

건물 아래로 뛰어 들어간 연구원 둘이 비에 젖은 옷을 털어 냈어요.

"죽은 동물들이 억울해서 흘리는 눈물인가 봐."

"이 사람아. 죽은 동물들이 유령이라도 되어 나타났단 말인가?"

"이상하잖아. 하필 실험을 하다 죽은 동물들을 위해 지내는 위령제에 비바람이 웬 말인가? 그것도 매년 비바람이 부는 걸 보면 뭔가 있는 거야."

실험 동물 위령제라는 게 있어?

실험용 동물들은 사람을 위한 생체 실험에서 희생되면서 의학과 생물학의 발전 과정에 기여해 왔어. 그래서 동물 실험 연구자들은 희생된 실험 동물의 넋을 달래고 동물 사랑과 생명 존중 의식을 다지기 위해 위령제를 지내. 위령제에는 제사상이 차려지고, 추모사가 낭독되는데, 낭독이 끝나면 참석자들이 일어나서 한 사람씩 제사상에 국화꽃 한 송이씩을 바쳐. 그런데 상 위에 차려진 음식들은 사람들이 먹는 음식이 아니야. 제사상에는 동물 사료와 동물용 고기 통조림, 대추, 감, 바나나 등 실험 동물들 좋아하는 과일들이 차려져 있어.

라이카도 궁금한 이야기

"오싹한 소리 그만하고 들어가자고."

부르르 떨던 연구원이 손사래를 치며 연구소 안으로 들어갔어요. 남아 있던 연구원도 헛기침을 하며 따라 들어갔어요. 그 뒤에서 좀 전까지 보이지 않던 비글 한 마리가 사람들을 향해 짖어 댔어요.

"컹컹!"

하지만 쏟아지는 빗소리에 금방 묻히고 말았어요.

비글로 변한 민국이

비글은 쏟아지는 비를 고스란히 맞으며 늑대처럼 울부짖었어요. 사각 정자 밑에서 쪽쪽이를 안고 있던 라이카가 혀를 끌끌 찼어요. 쪽쪽이는 손가락을 빨면서 비에 젖은 비글을 바라봤어요.

라이카는 천둥 번개가 치던 순간 민국이가 비글로 변하는 것을 보았지만 모른 척했어요. 사람을 좋아하지도 않을 뿐더러 간섭하는 것은 더더욱 싫었거든요.

라이카는 쪽쪽이를 등에 태우고 움직이려고 했어요. 또 다른 위령제를 찾아 나설 생각이었어요. 그런데 쪽쪽이가 어느새 개가 된 민국이 앞으로 가 있었어요. 그새 비는 그치고 구름 사이로 햇살이 비치고 있었어요. 쪽쪽이가 눈물을 글썽였어요.

"불쌍해."

"어서 가자."

라이카가 재촉했지만 쪽쪽이는 울부짖고 있는 비글 앞에서 움직이지 않았어요. 라이카는 긴 한숨을 쏟아 냈어요. 거리를 헤매고 다니던 자기 모습이 민국이 모습과 겹쳐 보였어요.

"거기서 울고 있으면 사람들이 나올 테고, 사람들이 나오면 널 가만두지 않을 거야. 꽁지 빠지게 도망가는 게 최선일 텐데."

라이카에 말에 민국이가 울부짖으며 뒹굴었어요. 비글로 변한 자신의 모습에 충격을 받은 것 같았어요.

"사람들 나오기 전에 어서 도망가래두!"

"그래. 어서 도망가."

쪽쪽이도 거들었어요.

"아빠가 찾으러 올 거야."

비에 젖은 털을 사정없이 털어 내던 민국이가 연구소 건물 쪽으로 걸어갔어요. 비가 그친 자리엔 작은 웅덩이가 곳곳에 만들어졌어요. 민국이는 웅덩이에 비친 자기 모습을 보고 뒷걸음질 쳤어요. 그러다 연구소 입구 쪽을 보며 크게 짖었어요. 아빠를 부르는 것 같았어요.

"고집하고는."

라이카는 쪽쪽이를 등에 태우고 붕 날아올랐어요. 가까이 보이던 연구소가 점점 작아지고 있었어요.

"엄마, 저기 봐."

쪽쪽이가 연구소 뒤쪽을 가리켰어요. 민국이가 꼬리를 살랑살랑 흔들어 대고 있었어요. 하얀 가운을 입은 연구원이 먹이를 바닥에 슬며시 내려놓자 민국이가 킁킁거리며 앞으로 다가갔어요.

"저런 바보! 경계할 줄도 모르다니."

민국이는 연구원을 전혀 무서워하지 않았어요. 연구원이 민국이의 머리를 쓰다듬자 민국이는 바닥에 발라당 누워 배를 보였어요. 경계하는 내색이라곤 전혀 없었어요. 순간 연구원이 민국이의 목에 목줄을 채웠어요.

"이런. 큰일이 벌어지겠어."

라이카는 직감적으로 몸을 떨었어요.

라이카의 말처럼 큰일은 바로 벌어졌어요. 연구원이 민국이의 목줄을 잡아당겼어요. 놀란 민국이가 깨갱거렸어요. 그럴수록 연구원은 목줄을 더 세게 잡아당겼어요. 민국이는 끌려가지 않으려고 안간힘을 썼어요. 하지만 그러면 그럴수록 목이 조여와 숨이 막혔어요.

"엄마! 어떡해."

민국이는 연구원에게 끌려가지 않으려고 발버둥쳤지만 연구원의 힘

을 당할 수 없었어요.

민국이와 라이카의 눈빛이 순간적으로 마주쳤어요.

민국이의 울부짖는 소리가 라이카의 가슴에 가시처럼 콕 박혀 빠지지 않았어요.

"깨갱캥캥!"

연구원의 손에 끌려가면서 민국이는 필사적으로 버텼어요. 민국이가 살려 달라는 애절한 눈빛으로 라이카를 바라봤어요.

라이카는 연구소 안으로 사라진 민국이를 향해 쏜살같이 날아갔어요. 쪽쪽이가 라이카의 꼬리에 대롱대롱 매달려 따라갔어요.

연구소 안으로 들어간 라이카는 바로 후회했어요. 그러지 않으려고 해도 몸이 멋대로 뒷걸음질을 쳤어요. 쪽쪽이도 라이카의 품에서 벗어나지 않으려고 했어요.

연구소만의 스산한 기운이 라이카와 쪽쪽이를 감쌌어요.

"빨리 찾아야 해."

라이카는 머리를 흔들며 정신을 차리려고 애썼어요.

연구소 안에는 많은 실험실이 있었어요. 어디로 가야 민국이를 찾을 수 있을지 알 수가 없었어요.

라이카는 눈앞에 보이는 실험실부터 들어갔어요.

오싹한 실험실

실험실 안에는 철장마다 토끼가 들어 있었어요. 형광등 불빛에 비친 하얀 털에 눈이 부실 정도였어요.

"혹시 말이야······."

비글을 본 적 있냐고 물어보려던 라이카는 그만두었어요. 토끼의 눈 속에는 두려움이 가득 담겨 있었어요. 라이카는 침을 꼴깍 삼켰어요.

곧이어 머리를 하나로 묶은 여자 연구원이 마스크를 끼고 손에 하얀 장갑을 꼈어요. 며칠 전 새로 들어온 연구원이었어요. 연구원은 철장 속에서 토끼 한 마리를 꺼냈어요. 토끼가 허공에서 발을 허우적거렸어요.

발을 허우적거리던 토끼는 순식간에 원통 안으로 들어갔어요. 원통

궁금한 이야기 (라이카도)

동물도 고통을 느낄 수 있을까, 없을까?

데카르트는 동물은 생물학적 로봇이라 고통을 느끼지 않는다고 주장했어. 하지만 철학자이자 과학자인 피터 싱어와 리처드 라이더 등은 동물도 통증을 느낀다고 주장했지. 사람과는 다른 방식으로 고통을 느낀다는 것이었어. 오랜 시간이 흘러 사람들은 동물도 사람과 똑같이 아픔을 느끼고 고통과 괴로움, 공포를 느낀다는 것을 알게 되었지. 실험실에 가두는 것조차 동물에게 스트레스를 주는 것이란다.

밖으로 머리만 쏙 내민 모습이었어요.

토끼와 라이카의 눈이 마주쳤어요.

'살려 줘!'

겁을 먹은 라이카가 쪽쪽이를 안고 벽으로 바짝 붙었어요.

연구원이 토끼의 얼굴을 잡고 눈꺼풀을 풀로 고정시켰어요. 토끼의 눈은 깜박거릴 수 없는 상태가 되었어요. 라이카는 쪽쪽이의 눈을 얼른 가렸어요. 실험당하는 토끼의 모습을 보여 주고 싶지 않았거든요.

"미안하다 토끼야."

넌 보지 마.

연구원이 토끼 머리를 쓰다듬었어요. 옆에 있던, 안경을 쓴 또 다른 연구원이 피식 웃었어요.

"그런다고 토끼가 들어?"

"못 들어도 미안하다고 말하고 싶어서요. 동물들 눈을 볼 때마다 해피 생각이 나서 마음이 너무 아파요."

머리를 하나로 묶은 연구원은 반려견 해피가 생각나는지 토끼를 다시 한 번 바라봤어요.

"마음이 아파도 할 건 해야지. 동물 실험을 통해서 새롭고 다양한 지식을 발견하는 건 우리에게 큰 선물이야. 어디 그뿐인가? 수많은 사람의 생명을 구할 수 있는 좋은 방법이잖아."

"인간과 동물이 공유되는 병은 얼마 되지 않는다던데요."

"쓸데없는 소리 자꾸 할 거야? 어서 일이나 해. 동물을 통해서 어느 정도 안전성이 밝혀져야 사람에게 쓰는 거지. 사람에게 직접 썼다가 큰 일이라도 나면 어떻게 해."

"하지만 동물들이 불쌍하잖아요."

안경 쓴 연구원이 안경을 고쳐 쓰면서, 새로 들어온 연구원을 쳐다봤어요. 새로 들어온 연구원은 입을 다물었어요.

안경 쓴 연구원이 액체가 담긴 스포이트를 들고 토끼에게 다가갔어요. 토끼털이 미세하게 움직였어요. 토끼가 떨고 있다는 증거였어요.

'무서워!'

토끼의 눈이 말하고 있었어요. 토끼의 무서움이 그대로 라이카에게 전해졌어요. 토끼의 안구에 액체 한 방울이 떨어졌어요. 그 액체는 곧 출시될 어떤 회사의 샴푸였어요.

"이번엔 마스카라 실험을 해 볼까?"

또다시 안경 쓴 연구원이 마스카라를 들고 다른 토끼에게 다가갔어요.

토끼를 대상으로 한 실험

안구 자극 실험

안구 유해성 실험으로 잘 알려져 있는 이 실험은 동물의 눈에 직접 주입한 물질의 반응을 평가하기 위해 실시하는 실험이에요. 하나의 물질을 테스트하기 위해 최소한 3마리의 토끼가 희생됩니다. 토끼는 인간에 비해 흘리는 눈물의 양이 무척 적어요. 따라서 안구에 고통스런 물질이 주입되더라도 눈물을 많이 흘리지 않기에 과학자들이 토끼를 안구 테스트에 사용하는 것이에요. 한편 토끼는 이물질에 대한 반사 작용으로 눈을 깜박거리지도 않는데, 이 때문에 화학 물질을 쉽게 집어넣을 수 있어요. 그런데 토끼의 고통을 덜어 주기 위한 어떠한 조치도 취해지지 않고 있답니다.

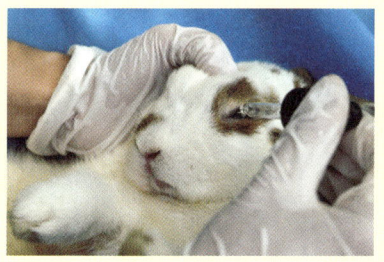

눈물의 양이 적고 깜박거림도 없는 토끼의 눈은 화학 물질의 주입이 쉬워 안구 자극 실험에 주로 이용된다.

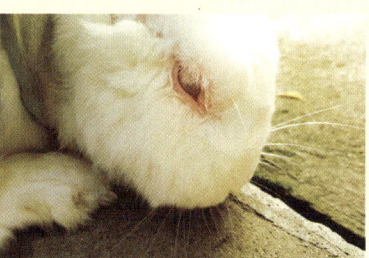

안구 자극 실험으로 눈이 심하게 손상된 토끼

피부 자극 실험

물질이 공급되었을 때 피부에 나타나는 독성을 평가하기 위한 실험입니다. 목 뒤나 등 부분의 털을 밀거나 일부러 상처를 낸 다음, 실험 물질을 피부에 바르고 필요에 따라서 거즈로 덮어 둡니다. 몇 시간, 며칠, 몇 주가 지난 뒤 피부에 나타나는 붉어짐, 부어오름, 염증, 갈라짐, 궤양 등의 증상을 기록합니다.

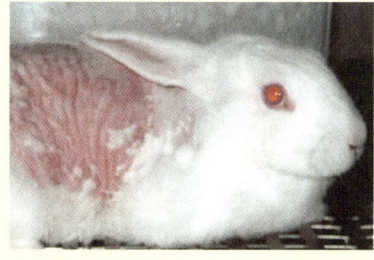

피부 자극 실험 대상이 되고 있는 토끼
(출처: PETA)

"그만해! 그만하라고!"

라이카가 이를 드러내며 으르렁거렸어요. 하지만 연구원에게 라이카의 말이 들릴 리 없었어요. 연구원은 토끼의 눈에 독성 물질을 떨어뜨렸어요.

"하지 마! 아프단 말이야."

쪽쪽이가 라이카의 품에서 빠져나가 연구원의 머리카락을 잡아당겼어요. 하지만 연구원은 꼼짝하지 않았어요.

토끼의 눈은 금세 빨갛게 부어올랐어요. 그런데도 토끼는 눈물을 흘리지 않았어요.

"토끼는 눈물을 많이 흘리지 않는 동물이라 다행이에요. 고통스러워 눈물을 계속 흘리기라도 했으면 마음이 더 아팠을 거예요."

"그래서 토끼를 안구 테스트에 많이 사용하는 거잖아. 독성 물질이 씻겨 내려갈 일이 없으니 확실한 실험이 되는 거지."

또 다른 철장 문이 열리면서 새로운 토끼가 나왔어요. 연구원은 날카로운 칼날을 가지고 왔어요.

"이번엔 뭐…… 뭐 하려는 거야?"

라이카가 연구원 앞으로 날아갔어요. 연구원은 토끼의 목에 재빠르게 상처를 냈어요. 토끼가 끼이이익! 외마디 비명을 질렀어요. 라이카의 몸이 오들오들 떨렸어요. 지우고 싶고 잊고 싶었던 기억들이 라이카의 머릿속에 파바박 불꽃처럼 일어났어요.

연구원이 아무렇지도 않게 상처에 화장품을 발랐어요. 쓰라린지 토끼가 버둥거렸어요. 철장에 다시 들어간 토끼는 좁은 철장 안에서 방방 뛰었어요. 그렇게 한동안 뛰던 토끼가 조용해졌어요.

"엄마, 토끼가 이상해."

라이카가 철장 앞으로 다가갔어요. 토끼가 철장 바닥에 축 늘어져 있었어요.

"주…… 죽었어."

엄마는 최초의 우주 개였어.

1957년 11월 3일, 엄마는 스푸트니크 2호를 타고 우주로 갔어. 당시는 우주로 날려 보낸 우주선이 다시 지구로 귀환할 능력이 없었으므로 엄마의 죽음은 예견된 것이었어. 실제로 발사된 후 얼마 지나지 않아 로켓의 궤도 이탈과 동시에 태양의 열선과 방사능에 노출되어 극심한 고통과 공포를 겪었고 결국엔 산소가 떨어져 7시간 만에 질식해서 죽고 말았거든. 그렇게 시체가 되어 지구의 궤도를 돌던 엄마는 끝내 스푸트니크 2호와 함께 지구 대기권에서 폭발했어. 엄마는 비록 살아서 돌아오지는 못했지만, 이 실험을 통해 지구 생명체가 지구 궤도에 진입하는 과정과 우주 공간에서의 생명체 반응에 대한 귀중한 데이터를 제공하였지.

화장품에 보이는 토끼의 정체는?

화장품 가운데에는 토끼가 그려진 것들이 가끔 눈에 띄어. 웬 토끼지? 화장품에 그려진 토끼의 정체는 바로 '동물 실험을 하지 않는다', '동물 실험 반대'의 인증 마크야.

이 마크가 들어 있는 화장품을 '비건 화장품'이라고 해. 원래 '비건'이라는 말은 '동물의 권리를 위해 완전히 채식만 하는 사람'을 의미하는 용어야. 고기와 달걀, 우유, 치즈 등 동물에게 얻을 수 있는 것들은 먹지 않는다는 거지. 따라서 비건 화장품은 일체의 동물성 성분을 포함하지 않고, 성분 개발 과정에서도 동물성 원료나 실험을 거친 원료를 전혀 사용하지 않고 만든 것이야. 우리도 토끼가 마스카라를 바르지 않는 날을 위해 관심을 가지면 어떨까?

비건 관련 단체 및 인증 마크

비건 소사이어티
영국 비건 협회

EVE VEGAN
프랑스 비건 협회

한국 비건 인증원

Vegan Action

미국 비건 협회

독일 BDIH
천연 화장품 인증 협회

리핑 버니
Leaping Bunny

미국 PETA
국제 동물
보호 권리 단체

호주 CCF
동물 실험 반대 단체

라이카는 쪽쪽이를 끌어당기며 뒤로 물러섰어요.

"쯧쯧. 목이 또 부러졌네."

안경 쓴 연구원이 혀를 찼어요. 그리고 자주 해 온 일인 듯 능숙하게 철장에서 축 늘어진 토끼를 꺼냈어요. 토끼의 영혼이 두둥실 떠올랐어요.

토끼의 영혼은 실험실을 한 바퀴 빙 돌았어요. 철장 속의 다른 토끼들이 영혼을 하염없이 바라봤어요.

하늘에서 한 줄기 노란 빛이 내려왔어요.

"노란 빛이야 엄마."

쪽쪽이가 손을 뻗어 노란 빛을 만지려고 했어요. 라이카는 쪽쪽이의 손을 툭 쳤어요. 쪽쪽이가 냉큼 손을 오므렸어요.

잠시 망설이던 토끼의 영혼이 노란 빛 위에 올라탔어요. 토끼들이 철장 가까이 얼굴을 대고 노란 빛을 타고 올라가는 토끼의 영혼을 슬픈 표정으로 바라봤어요.

동물 실험의 실태

동물 대상 연구 분야

- **순수 생명 과학** 행동 과학, 생리학, 발생학, 유전학
- **의학** 대부분의 치료제나 예방 백신
- **독성 실험** 식품, 화장품, 생활용품, 농약 등에 포함된 화학 약품의 독성 검사
- **신물질 생산** 항체나 생물 활성 물질 등의 생성 매개체, 이종 이식 연구

동물 실험의 역사

알크마이온
최초의 동물 실험
개의 눈 해부 시신경 발견
B.C. 347-334

B.C. 5세기

아리스토텔레스
동물 해부를 통한
비교 해부학, 발생학 연구

갈레노스
돼지와 양 해부(음식물 소화 과정과 혈액 연구)
원숭이 생체 해부(근육, 뼈조직, 뇌신경, 심장 판막 연구)
B.C. 3세기경

2세기경

에라시스트라투스
사람과 동물의 뇌 연구

루이스 파스퇴르
양에 탄저균 접종(세균설 연구)

1902

프레더릭 벤팅
동물의 췌장에서
인슐린 발견

1880년대

이반 파블로프
개의 침 분비 실험(조건 반사)

1921

러시아에서 스푸트니크 2호에
개(라이카)를 태움.
개는 지구 대기권을
벗어난 최초의 동물

이언 윌머트
복제 양 돌리

1974

1996

루돌프 재니시
유전자 재조합을 통해 최초로
형질 전환 쥐 개발

1957

기초 연구 분야 동물종별 사용 내역 (단위: 마리)

세부구분	설치류	토끼	원숭이류	기타포유	조류	파충류	양서류	어류	합계
종양학	178,382	139	0	208	130	0	1	100	178,960 (15.8%)
심혈관계 혈액과 림프계	36,414	130	0	386	100	0	0	79	37,109 (3.3%)
신경계	164,195	206	58	480	218	0	0	697	165,854 (14.6%)
호흡계	24,233	32	15	194	318	0	0	0	24,792 (2.2%)
간을 포함한 소화기계	42,567	212	0	314	1,866	0	0	148	45,107 (4.0%)
근골격계	36,822	674	0	190	3	0	90	400	38,179 (3.4%)
면역계	172,399	254	0	488	20,461	0	0	11,398	205,000 (18.1%)
비뇨 생식계	22,335	32	0	262	261	0	0	23	22,913 (2.0%)
감각 기관 (피부, 눈, 귀)	38,602	802	0	174	0	2	0	2,490	42,070 (3.7%)
내분비계/대사	94,981	19	0	220	0	0	0	3,701	98,921 (8.7%)
다체계 (multisystemic)	12,351	250	0	259	30	0	0	0	12,890 (1.1%)
행동학/동물학/동물 행동학	14,089	50	9	1,818	903	0	184	9,245	26,298 (2.3%)
그 외	126,078	170	469	3,413	24,407	0	16	80,855	235,408 (20.8%)
총 계	963,448 (85.0%)	2,970 (0.3%)	551 (0.0%)	8,406 (0.7%)	48,697 (4.3%)	2 (0.0%)	291 (0.0%)	109,136 (9.6%)	1,133,501 (100.0%)

자료: 농림 축산 식품부(2019년)

대학 실험 동물 종별 개체수 (단위: 마리)

- 설치류: 91만 1695
- 어류: 14만 8852
- 조류: 12만 3681
- 기타 포유류: 1만 5130
- 토끼: 3074
- 양서 파충류: 736
- 원숭이류: 145

합계 120만 3313

자료: 농림 축산 식품부(2019년)

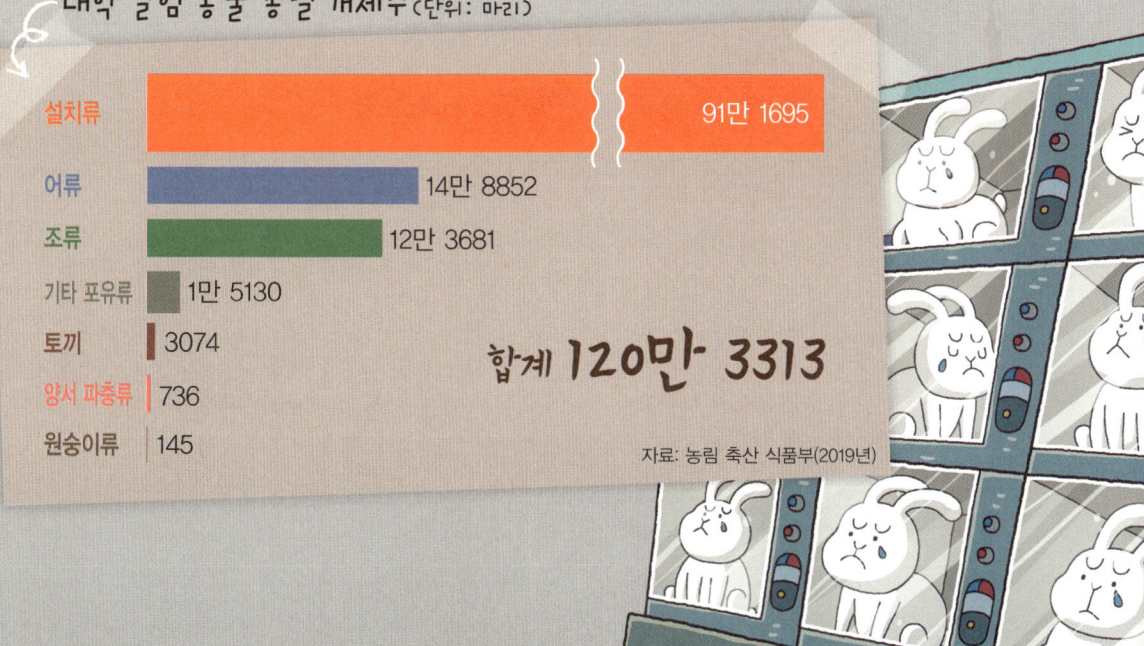

토론왕 되기!

가상 재판 판사가 되어주세요!

강제로 우주 실험에 동원된 쥐 40마리가 억울하다며 과학자들을 고소했어요!

존경하는 재판장님.
저희가 과학자들을 고소한 이유를 말씀드리죠. 2019년 12월 미국 항공 우주국(NASA) 연구팀이 우리 쥐들을 우주 정거장으로 보냈습니다. 인간이 우주 생활을 할 때 근육과 뼈에 일어나는 변화를 알아보기 위해 미리 보낸 거였죠. 가는 길도 오는 길도 결코 쉽지 않았습니다. 어두컴컴한 상자에 갇혀서 엄청나게 크고 이상한 소리 듣는 건 산채로 지옥에 떨어지는 것과 같았습니다. 그런데도 연구팀은 우리가 그저 살아 돌아왔다는 사실을 널리 알리고 뿌듯해하며 발표를 했어요. 우린 강제로 우주에 다녀온 것도 분한데, 연구팀이 아무런 사과도 하지 않고 이런 일을 한 것을 자랑스러워하는 것이 너무 화가 납니다!

모두 모두 소중한 생명! 멈춰요 동물 실험

재판장님! 저희 연구팀은 억울합니다.

일단 우주로 보낸 쥐들은 저희가 유전자 조작으로 만들어 낸 슈퍼 쥐들이었습니다. 그리고 우주 정거장에 머무는 내내 잘 보살폈고, 수의사도 따로 두었습니다. 다른 나라들은 실험이 끝나면 쥐들을 모두 죽이는데 저흰 다시 지구로 돌아오게끔 했어요. 물론 연구에 필요해서였지만 어쨌거나 잘한 일이라고 생각합니다.

만약 여러분이 재판관이라면 어떤 판결을 내릴 것 같나요? 이곳에 적어 보세요.

내용을 읽고 알아맞히기

세계적으로 많은 동물들이 실험에 쓰이고 있어요.
귀여운 이 동물도 동물 실험으로 아파하고 있어요.
이 동물은 어떤 동물일까요?

원숭이 할아버지

실험실을 빠져 나온 라이카는 숨을 깊게 들이마셨다가 뱉었어요. 비글이 된 민국이가 불쌍했지만 더 이상 연구소에 머물고 싶지 않았어요.

"쪽쪽아, 그만 가자."

그런데 옆에 있어야 할 쪽쪽이가 보이지 않았어요. 라이카는 주위를 두리번거렸어요.

"쪽쪽아! 쪽쪽아!"

아무리 불러도 쪽쪽이의 대답이 없었어요. 가슴이 덜컹 내려앉았어요. 조금 전 노란 빛 속으로 손을 뻗던 쪽쪽이가 생각났어요.

"설마……."

언젠가는 보내야 한다고 생각했지만 지금은 아니었어요. 쪽쪽이의 진짜 엄마를 찾아 주고 나면, 그때 쪽쪽이를 보낼 생각이었거든요.

라이카가 쪽쪽이를 찾은 곳은 동물들이 모여 있는 사육장이었어요.

쪽쪽이는 요즘 들어 부쩍 호기심도 많아지고 궁금한 것도 많아졌어요. 그런 쪽쪽이에게 동물 사육장은 그냥 지나칠 수 없는 곳이었어요.

"위험하게 혼자 돌아다니면 어떻게 해?"

라이카는 쪽쪽이를 나무랐어요. 쪽쪽이가 손가락을 쪽쪽 빨다가 라이카를 돌아다보며 물었어요.

"엄마, 저 할아버지 말이 진짜야?"

쪽쪽이의 말이 무슨 뜻인지 몰라 라이카는 고개를 갸우뚱거렸어요. 쪽쪽이는 라이카의 손을 잡아끌었어요. 사육장에는 많은 동물들이 있었어요. 칸칸마다 분리된 곳에 개, 쥐, 원숭이, 토끼 등이 갇혀 있었어요.

"원숭이 할아버지, 그 얘기 다시 해 봐요."

한 철장 안에 원숭이 한 마리가 누워 있었어요. 원숭이는 라이카를 보자 눈이 커졌다가 다시 작아졌어요.

"아주, 아주 옛날에 사람들이 그랬다면서요?"

"그나마 내 얘기를 들어주는 이는 너밖에 없구나. 누구도 귀담아듣질 않아. 어서들 도망가야 하는데 말이야."

원숭이 할아버지의 흐리멍덩한 눈빛이 순간 맑아졌어요.

"옛날부터 사람들은 집에서 기르던 동물들을 하늘에 바쳤단다. 동물들을 해부해서 그 해 나라의 좋은 일과 나쁜 일을 알 수 있다고 생각했지."

라이카는 원숭이 할아버지가 무슨 말을 하려는 것인지 알 수가 없었어요.

"어떤 사람이 그랬다는구나. 식물은 동물을 위해 존재하며, 동물은 인간을 위해 존재한다고 말이야. 그래서 그런 것인지 의사라는 사람들은 우리 할아버지의 할아버지의 할아버지, 그러니까 아주 먼 할아버지

를 해부해서 관찰하고 연구했단다."

"할아버지는 아는 것이 진짜 많아. 그치 엄마?"

쪽쪽이는 원숭이 할아버지의 얘기에 쏙 빠져들었어요.

"유명한 인간 철학자 아리스토텔레스와 에라시스트라투스도 살아 있는 동물로 실험을 했지. 진통제나 마취제도 없이 말이야. 그땐 죄수들을 대상으로 실험을 했다고도 하더라."

"근데 할아버지, 해부가 뭐예요?"

궁금한 게 많은 쪽쪽이가 눈을 반짝였어요.

"해부란 말이야……."

"그만 해요!"

라이카가 고개를 저었어요.

"칫! 더 얘기해 주지."

아쉬운 듯 쪽쪽이가 입을 샐쭉거렸어요.

"저 아일 끔찍이도 아끼는군. 그래도 알 건 알아야지. 여기 있는 동물들은 아무것도 몰라. 밖으로 한 번 나가지 못하고, 저러다가 모두 죽을 거야."

원숭이 할아버지는 모로 누웠어요.

라이카는 사육장을 휘이 둘러봤어요. 비글들이 모여 있는 곳이 보였어요.

"여기서 기다려."

쪽쪽이는 순순히 고개를 끄덕였어요.

서너 마리의 비글들이 모여 있는 곳엔 민국이가 보이지 않았어요. 인간으로 다시 돌아갔을지 아니면 실험용으로 끌려갔을지 라이카의 머릿속이 혼란스러웠어요.

그때였어요.

"꺄아아아악!"

쪽쪽이의 비명 소리였어요. 라이카는 비명 소리가 들리는 곳으로 곧장 날아갔어요.

실험실의 또 다른 생명체

또 다른 실험실에 쪽쪽이가 있었어요. 쪽쪽이는 투명한 유리로 만들어진 네모난 통에 얼굴을 바짝 붙이고 있었어요.

"얼마나 걱정했는지 알아?"

라이카의 앙칼진 목소리에 쪽쪽이가 고개를 돌렸어요.

"어…… 어, 엄마."

쪽쪽이 얼굴 너머로 흰쥐들이 보였어요. 투명 유리통 안에 세 마리의 쥐가 있었어요. 그런데 통 안에 있는 쥐들이 이상했어요. 가슴에 큰 혹을 달고 있는 쥐, 귓불이 머릿속으로 들어간 쥐, 맨살에 털이 듬성듬성 난 쥐가 작은 통 안을 돌아다니고 있었어요.

가슴에 큰 혹이 달린 쥐가 앞발로 유리를 툭툭 쳤어요. 쪽쪽이가 깜짝 놀라 유리에서 떨어졌어요. 라이카가 쪽쪽이를 뒤로 숨겼어요.

"개가 쥐 엄마라니 별일을 다 보네. 진짜 엄마 맞아?"

털이 듬성듬성 난 쥐가 라이카를 훑어보았어요. 라이카의 눈동자가 심하게 흔들렸어요.

"우리 엄마 맞아."

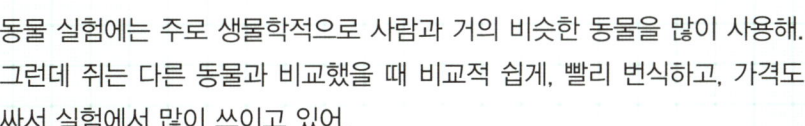

쪽쪽이도 궁금한 이야기

왜 동물 실험에 쥐를 사용할까?

동물 실험에는 주로 생물학적으로 사람과 거의 비슷한 동물을 많이 사용해. 그런데 쥐는 다른 동물과 비교했을 때 비교적 쉽게, 빨리 번식하고, 가격도 싸서 실험에서 많이 쓰이고 있어.

그런데 실험실에서 쥐가 많이 사용되는 이유는 다른 데 있어. 쥐는 새끼를 많이 낳지만 주기가 짧아 세대를 거치는 실험에 용이하기 때문이야. 쥐가 한 번에 낳는 새끼는 5~10마리인데 그 새끼가 다시 새끼를 낳기까지 소요되는 시간은 불과 9주밖에 걸리지 않거든. 신약 등의 독성을 검증할 때 후손에 미치는 장기적인 영향을 보기에도 아주 유리한 거야. 만약 인간을 대상으로 이런 실험을 한다면 수백 년에 걸쳐 이뤄져야 하는데, 쥐를 실험에 사용하면 1~2년 정도로 단축할 수 있다는 거지.

라이카 등 뒤에서 단호한 목소리가 들렸어요.

"하긴 이상한 동물들 천지지."

귓불이 머릿속으로 들어간 쥐가 머리를 좌우로 흔들며 유리창을 들이받았어요.

"아오, 머리야. 머리가 또 아파."

"또 시작이네 또 시작."

가슴에 큰 혹이 달린 쥐가 유리벽 모서리에 가서 웅크렸어요.

쪽쪽이가 손을 쪽쪽 빨면서 라이카를 올려다봤어요. 라이카는 쪽쪽이의 눈빛을 피했어요.

"어서 타."

라이카가 등을 내밀었어요. 그런데 다른 때 같으면 폴짝 올라타던 쪽쪽이가 망설였어요.

"안 타고 뭐해!"

라이카가 소리를 지르자 마지못해 쪽쪽이가 올라탔어요. 라이카가 날아올랐어요.

그때였어요. 연구원 하나가 문을 열고 들어왔어요. 낯이 익은 얼굴이었지만 기억이 날 듯 말 듯 나지 않았어요.

연구원은 통을 한 번 쳐다보고 손에 하얀 장갑을 천천히 꼈어요. 라이카는 토끼를 다루던 연구원의 손이 생각났어요.

"주사 맞을 시간이다."

연구원의 손에서 주사바늘이 날카롭게 번뜩였어요. 통 모서리에 웅크리고 있던 가슴에 큰 혹이 달린 쥐가 더 몸을 웅크렸어요. 연구원이 통을 열고 한 손으로 쥐를 번쩍 집어 올렸어요. 연구원이 쥐의 혹을 살짝 만졌어요. 그리고 망설임 없이 혹에 주사바늘을 꽂았어요.

"찌이익!"

비명 소리가 실험실 안을 가득 채웠어요.

가슴에 큰 혹이 달린 쥐는 주사를 맞은 뒤에 그대로 바닥에 누웠어요. 연구원은 장갑을 벗고 일지를 작성했어요. 그날그날 주사를 맞은 시간과 혹의 상태에 대해 적은 놓은 일지였어요. 연구원이 실험실을 나가자 실험실에는 끙끙 앓는 소리만이 들렸어요.

"우리 셋은 처음부터 여기서 살았어."

털이 듬성듬성 난 쥐가 물을 한 모금 마시더니 말했어요.

"태어날 때부터 털이 안 나더라. 다른 쥐 두 마리를 보고서야 털이 많이 난다는 것을 처음 알았어."

"나는 널 보고 귓불이 밖에 있다는 걸 알았는데."

귓불이 머릿속으로 들어간 쥐가 희미하게 웃었어요. 가슴에 큰 혹이 달린 쥐가 바닥에 누워 있다가 힘겹게 머리를 들었어요.

"유전자 변형군이라고 들어 봤어? 나도 잘 모르지만 연구원이 와서

그러던 걸. 우린 그렇게 만들어진 쥐들이라고. 끙."

쪽쪽이는 쥐 가슴에 달린 큰 혹을 바라봤어요. 혹이 처음 볼 때보다 커진 것 같았어요.

"점점 커지고 있어. 조만간 무거워서 걸어 다닐 수 없을 거야. 편히 잠 한 번 자는 게 소원인데 말이지."

가슴에 달린 큰 혹은 암 덩어리라고 했어요. 암이 무엇인지 실험실에 있던 동물 중 누구 하나 아는 동물이 없었어요. 사람의 생명을 앗아가는 나쁜 병이라는 정도만 들었을 뿐이었어요. 쥐는 그 암 덩어리를 왜 자기 몸에 자라게 하는지 알 수 없었어요.

쪽쪽이가 유리벽에 작은 손바닥을 대고 말없이 쓰다듬었어요. 신기하게도 끙끙거리던 소리가 잦아들었어요. 쪽쪽이는 자기를 닮은 쥐들을 보며 마음이 아파 오는 걸 느꼈어요.

"이 아이의 엄마를 찾아 주고 싶어."

라이카가 결심한 듯 쪽쪽이 곁으로 와서 섰어요. 쪽쪽이는 놀라서 라이카를 바라봤어요. 라이카가 쪽쪽이의 분홍빛 작은 손을 잡았어요.

우연하게 들어온 실험실에서 쪽쪽이는 자기와 똑같이 생긴 쥐들을 보고 충격을 받았어요. 어쩌면 라이카가 진짜 엄마가 아닐지도 모른다는 생각이 들었어요. 생김새가 전혀 다르더라도 라이카가 엄마라는 사

실은 변함없지만 진짜 엄마가 누군지도 궁금했어요.

라이카는 쪽쪽이와 처음 만난 날부터의 일을 담담하게 말했어요. 쥐들은 조용히 이야기를 들었어요.

"엄마를 찾을 수 있을까?"

라이카의 눈빛이 애절했어요. 쪽쪽이도 귀를 쫑긋 세웠어요.

밝혀진 탄생의 비밀

가슴에 큰 혹이 달린 쥐가 고개를 숙였어요. 귓불이 머릿속에 들어간 쥐는 앞발로 머리를 긁적였어요. 털이 듬성듬성 난 쥐가 한숨을 푹 쉬었어요.

"이제 와서 엄마를 찾으면 뭘 해. 엄마는 잊어."

"그래. 지금 엄마가 최고지."

진짜 엄마가 맞냐고 할 때는 언제고, 쥐들은 입을 맞춘 듯 말했어요. 라이카는 쪽쪽이 엄마를 쥐들이 알고 있을 거라는 생각이 들었어요. 지금 아니면 쪽쪽이 엄마를 찾을 수 없을 거 같아 마음이 다급해졌어요.

"뭔가 알고 있는 거지?"

"우린 아무것도 몰라."

황금 알을 낳는 생쥐

수백만 원이 넘는 생쥐가 태어났다고 TV와 신문사들이 칭찬을 아끼지 않았어. 그 생쥐는 사람의 난소암을 가지고 태어나는 '질환 모델 동물'이야. '질환 모델 동물'은 환자를 대신해서 왜 질병이 일어났는지, 어떻게 질병이 진행되는지, 생체 내에서 어떤 변화가 있는지를 연구할 수 있는 대상 동물을 뜻해.
그 생쥐가 정말 사람의 난소암을 치료해 줄 수 있을까? 생쥐의 난소암은 사람과 달라서 사람에게 적용하기 힘들다고 해. 직접 사람을 대상으로 조사와 연구가 이루어지는 것이 적절하다는 의사들의 의견이 많았어. 유전자 조작을 통해 난소암을 갖고 태어나는 불행한 생쥐는 '황금 알'을 낳는 생쥐라고 불려. 하지만 얼마나 많은 생쥐가 희생되어야 난소암 치료제가 개발될 수 있을까?

라이카도 궁금한 이야기

귓불이 머릿속에 들어간 쥐가 딴청을 피웠어요. 그러다가 이내 유리 벽에 머리를 쿵쿵 박았어요. 다시 머리가 아파 오는 것 같았어요.

"여긴 동물들을 실험하는 연구소라고! 네가 상상할 수 없는 실험들이 하루에도 수없이 벌어지는 곳이 바로 여기야."

"그래서 쪽쪽이 엄마는 어디 있어?"

라이카가 앞니를 드러내고 으르렁거렸어요.

"진정해. 우리도 본 건 아니고……."

털이 듬성듬성 난 쥐가 라이카를 진정시켰어요. 가슴에 큰 혹이 난 쥐가 천천히 일어섰어요.

"연구원에게 들은 얘기야. 우린 여기서 나가 본 적이 없기 때문에 연구원들이 나누는 이야기를 통해 실험실 밖의 이야기를 전해 들어."

주사를 맞은 혹이 다시 아파 오는지 가슴에 큰 혹이 난 쥐가 몸을 뒤틀었어요.

"다른 실험실에서 약물 실험을 하던 중 많은 쥐들이 한꺼번에 죽은 일이 있었어. 우리 쥐들은 사람과 유전자가 거의 같아 유전병을 실험하는 데 가장 알맞다고 하더군. 그런데 그 죽은 쥐들 뱃속에 새끼가 자라고 있었다는 얘기를 들었어. 그게 일 년 전이야."

놀란 라이카의 입이 벌어졌어요. 일 년 전 노란 빛을 타고 수많은 쥐들이 올라가는 것을 보았고, 그 자리에 쪽쪽이가 있었지요.

"그…… 그럴 리가 없어. 모두 거짓말이야."

라이카가 바들바들 떨고 있는 쪽쪽이를 힘껏 안았어요. 태어나지도 못하고 엄마 뱃속에서 죽어 유령이 된 쪽쪽이가 불쌍했어요. 엄마가 그리워 손가락을 쪽쪽 빨았던 걸까요? 라이카는 가슴이 시려 왔어요.

"으윽."

가슴에 큰 혹이 달린 쥐의 몸이 뒤틀렸어요. 그러고는 고통에 괴로워하며 바닥을 뒹굴었어요. 쥐들은 이런 모습을 한두 번 본 게 아니었지만 이번에는 예사롭지 않다고 느꼈어요.

"괜찮은 거야?"

라이카가 다급하게 물었어요.

"우린 나갈 수 없으니 어서 연구원을 불러와!"

털이 듬성듬성 난 쥐가 어쩔 줄 몰라 했어요. 쪽쪽이가 실험실 밖으로 나가려고 했어요. 라이카가 쪽쪽이를 잡았어요. 쪽쪽이가 날아간들 뾰족한 수가 없었어요. 가슴에 큰 혹이 난 쥐의 눈이 반쯤 감겼어요.

"이제, 실험실에서 벗어날 수 있겠어. 지긋지긋한 주사를 안 맞아도 되고 말이야."

"끝까지 같이 살자고 했잖아!"

털이 듬성듬성 난 쥐가 가슴에 큰 혹이 난 쥐를 흔들었어요. 가슴에 큰 혹이 난 쥐가 희미하게 미소를 지었어요.

삐그덕 소리와 함께 실험실 문이 다시 열렸어요. 연구원이 유리통을 힐끗 보고, 일지를 꺼내 적었어요.

"여기요! 여기."

쪽쪽이가 연구원의 주위를 빙빙 돌며 소리쳤어요. 연구원은 쪽쪽이의 말을 알아들었는지 유리통으로 다가갔어요. 모두들 숨죽여 연구원을 지켜봤어요.

연구원은 서랍에서 비닐봉지를 꺼냈어요. 손에는 하얀 장갑을 다시 꼈어요. 가슴에 큰 혹이 달린 쥐를 꺼내 비닐봉지에 아무렇지 않게 넣었어요.

"아직 죽지 않았어. 어디로 데려가는 거야?"

남아 있는 두 마리의 쥐가 아우성을 쳤어요. 연구원이 장갑을 벗고 실험실을 나가려고 했어요.

"내가 쫓아가 볼게."

라이카가 연구원을 따라나섰어요. 쪽쪽이도 라이카의 뒤를 따라나섰어요. 두 마리의 쥐가 그 모습을 걱정스럽게 바라봤어요.

실험실에서 나온 연구원은 빠르게 걸어갔어요. 긴 복도를 따라 다시 오른쪽으로 돌더니 발걸음을 멈췄어요. 그리고는 손에 들고 있던 비닐봉지를 쓰레기통 속으로 집어 던졌어요.

"안 돼!"

라이카는 비닐봉지에서 올라오는 하얀 뭔가를 봤어요. 가슴에 큰 혹이 난 쥐가 비닐봉지에서 빠져나와 라이카를 보고 손을 흔들었어요. 한 줄기 노란 빛이 가슴에 큰 혹이 난 쥐를 감쌌어요. 쪽쪽이가 손을 흔들었어요.

쪽쪽이가 라이카의 등에 올라탔어요. 라이카는 고개를 돌려 쪽쪽이를 바라봤어요. 쪽쪽이가 라이카의 등에 얼굴을 파묻었어요.

"나한테 엄마는 라이카뿐이야."

라이카는 말없이 고개를 끄덕였어요.

동물권

동물에게도 권리가 있나요?

지구상의 생명체로서 동물에게도 평화롭고 행복하게 살 권리가 있습니다. 사상가 헨리 솔트도 "사람이 권리를 가진다면 의심의 여지 없이 동물도 권리를 가진다."라고 했습니다.

왜 우리는 헌법에 동물권 명시를 말할까요?

- 동물을 물건이 아닌 생명의 주체로 대하기 위해서
- 인간에 국한된 권리 주체 개념을 확장하기 위해서
- 동물이 보호되지 않는 현행 법률의 한계를 극복하기 위해서

동물의 5대 자유

정상적인 행동 표현의 자유

불안으로부터 벗어날 자유

통증, 부상 또는 질병으로부터 벗어날 자유

배고픔과 갈증으로부터 벗어날 자유

공포와 고통으로부터 벗어날 자유

동물원에 사는 동물들의 행복 찾기

동물용 가구

기어오를 수 있는 나무 시설물

진흙 목욕탕

동물에게 필요한 넓은 서식지

야생 동물 공원

사파리 공원 동물원

반려동물들에게 필요한 복지를 통한 행복 찾기

■ 반려동물의 사육과 관리에 필요한 기본적 사항

동물 보호법 제3조

- ✓ 적합한 사료와 급수, 운동, 휴식 및 수면 보장하기
- ✓ 질병에 걸리거나 부상을 당한 경우 치료하기
- ✓ 환경이 바뀔 경우 적응할 수 있도록 필요한 조치를 취하기
- ✓ 최대한 본래의 습성에 가깝게 사육하고 관리하기
- ✓ 정기적으로 예방 접종을 하고 개는 분기마다 1회 이상 구충하기

동물 실험은 꼭 필요할까?

 동물 실험은 정말 나빠! 이런 걸 왜 하는 거지?

하지만 사람들에게 있어 동물 실험은 꼭 필요해.

 1950년대에 탈리도마이드라는 임산부용 입덧 방지약이 나온 적이 있었지. 연구원이라면 탈리도마이드 사건에 대해 들어는 봤겠지?

웃! 그, 그건......

 탈리도마이드는 각종 동물 실험에서 이상이 발견되지 않았고 '부작용 없는 기적의 약'이라는 광고와 함께 50여 나라에서 판매되었어. 그런데 그 약을 복용한 임산부들이 기형아를 낳기 시작한 거야. 전 세계에서 1만 명 이상의 기형아가 태어났지. 이래도 동물 실험이 가치가 있다고 보는 거야?

그 사건은 특별한 예외일 뿐이라고. 오히려 나는 기형아 방지를 위해 앞으로는 아이를 밴 동물에게까지 동물 실험 대상을 확대해야 한다고 생각해. 그럼 해결될 문제 아냐?

 이 얘기의 본질은 동물 실험의 효용성의 문제야. 사람과 동물이 공유하는 질병은 1.16%에 불과해. 그런데도 사람들은 가치가 없는 동물 실험에 매달려서 매년 2억 마리에 가까운 동물들이 희생되고 있어.

그게 왜 가치가 없지? 20세기 이후 엄청난 의학의 발전은 동물 실험이 있었기 때문에 가능했어. 지금 있는 어떤 컴퓨터로도 인체의 신비를 파악할 수 없으니 살아있는 생물로 실험하는 게 가장 효율적이고 확실한 방법이야.

인간의 이익을 위해 다른 동물들의 희생은 당연하다는 거야?

인간이 살아가기 위해 다른 동물들의 희생은 늘 있어 왔어. 우리가 먹는 햄버거나 소세지도 결국엔 동물을 잡아 만드는 거잖아. 우리만 그런게 아냐. 당장 너희들이 먹는 사료에도 다른 동물들이 들어가 있어. 그런데 왜 동물 실험만은 안 된다는 거지? 일부 동물의 희생을 통해 다른 수많은 생명을 살릴 수 있는 의약품을 만들 수 있으니 가치 있는 일 아닌가?

그럼 왜 화장품 개발에도 동물 실험이 필요한데?

화장품의 유해 성분 역시 사람에게 어떤 영향이 끼칠지 모르니 동물 실험은 거쳐야만 해.

어차피 다 사람들 기준의 변명이잖아. 동물 실험을 없애는 방법은 없을까?

장 박사의 한 마디

동물 실험으로 개발된 치료약 덕분에 수 많은 사람들이 혜택을 본 것은 사실이에요. 그리고 지금 당장은 특별한 대안도 없기에 동물 실험이 바로 없어지지는 않을 거예요. 다만 동물들 역시 우리와 같은 살아있는 생명체이므로 꼭 필요한 실험 이외에는 줄이도록 노력하는 자세와 동물권을 지켜주기 위해 더 좋은 환경을 제공해주려는 마음가짐이 필요하겠죠.

O, X 퀴즈

동물 실험에 사용된 실험 동물 수가 2019년 기준으로 우리나라에서만 370만 마리를 넘었어요. 우리는 동물 실험에 대해 얼마나 알고 있을까요?

1 해부 실습에 동물들을 사용한다.
O( ) X( )

2 동물 실험은 동물에게 허락을 받았다.
O( ) X( )

3 개를 통한 실험으로 인슐린이 개발되었다.
O( ) X( )

4 동물 실험은 최근에 시작되었다.
O( ) X( )

5 비글은 개를 이용한 실험 1위 동물이다.
O( ) X( )

6 동물 실험에 가장 많이 사용되는 동물은 개이다.
O( ) X( )

7 동물 실험을 대신할 방법은 없다.
O( ) X( )

8 동물에게도 복지가 필요하다.
O( ) X( )

9 동물 실험을 한 후 동물들은 안락사를 당한다.
O( ) X( )

정답수 **0-4**
동물 실험을 몰라도 너무 몰라!

정답수 **5-7**
동물 실험 더 공부하기

정답수 **8-9**
동물 실험 박사!

정답 ① O ② X ③ O ④ X ⑤ O ⑥ X ⑦ X ⑧ O ⑨ O

말하는 침팬지

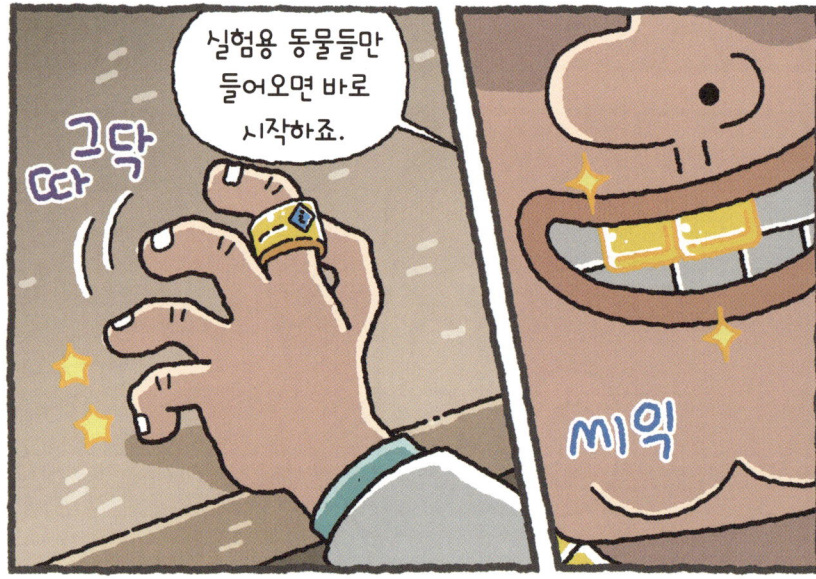

 민국이의 운명

　연구소를 떠나려던 라이카는 마음을 바꿨어요. 민국이를 이대로 그냥 두고 가자니 아무래도 신경이 쓰였어요.
　실험실을 기웃거리던 라이카는 복도를 지나가는 연구원을 유심히 보았어요. 비글로 변한 민국이를 끌고 가던 연구원이었어요. 연구원은 휘파람을 불며 실험실 문을 열었어요.
　"모카야, 형아 왔다."
　귀를 팔랑이며 모카가 연구원 품으로 뛰어들었어요.
　"아고, 귀여운 녀석."
　모카가 연구원의 얼굴을 이리저리 핥았어요. 연구원은 모카의 머리를 쓰다듬었어요.

연구원 뒤에서 보고 있던 쪽쪽이의 눈이 커졌어요. 라이카도 놀란 얼굴이었어요.

"엄마, 그때 그 애야."

연구소 뒤뜰에서 끌려가던 민국이의 표정과는 달리 모카라 불리는 민국이는 너무 행복해 보였어요. 모카라는 이름만 불러도 귀를 흔들며 꼬리를 살랑살랑 흔들어 댔어요. 민국이에게 경계심이라고는 찾아볼 수 없었어요.

"잠깐 기다려. 맛있는 간식 가져올게."

연구원이 연구실을 빠져나갔어요. 그곳은 연구원이 혼자 쓰는 방인 것 같았어요.

라이카가 민국이 앞으로 다가섰어요. 민국이는 연구원이 나간 문 앞에 앉아 연구원을 기다렸어요.

"한참을 찾았어."

"날 왜 찾아?"

민국이는 라이카를 쳐다보지도 않았어요.

"여길 빠져나가자."

"빠져 나가면, 뭐가 달라져? 아빠가 날 곧 찾을 테고, 난 사람으로 다시 돌아갈 수 있어. 오히려 돌아다니는 게 위험해."

연구소 뒤뜰에서 자신을 애절하게 쳐다보던 민국이가 아니었어요.

3장 모카, 민국이

"바보 같은 소리 하지 마! 넌 여기가 어떤 곳인지 몰라서 그래."

"엄마 말이 맞아. 토끼랑 쥐랑 어떻게 죽었는지……."

쪽쪽이는 입술을 깨물었어요.

"풋. 아빠가 다니는 연구소야. 내가 어렸을 때부터 자주 오던 곳이라고. 시끄러우니까 가 버려."

라이카는 어이가 없었어요.

"네 모습을 봐. 넌 실험실에서 가장 좋아하는 개, 바로 비글이야. 그 말은 곧 네가 실험개로 쓰일 거라는 얘기야."

"자꾸 이상한 소리 하지 마. 지금 나간 연구원 형이 날 얼마나 예뻐

하는 줄 알아? 실험에 사용할 거면 벌써 사용했겠지."

콧방귀를 뀌며 민국이는 문만 쳐다봤어요. 라이카는 그런 민국이가 답답했어요.

"엄마. 그냥 가! 연구원한테 사랑 많이 받으라고 해."

쪽쪽이가 라이카의 꼬리를 잡아당겼어요. 라이카는 민국이를 바라봤어요. 무슨 말을 해도 민국이는 듣지 않을 것 같았어요. 어떻게든 민국이를 구하고 싶었던 마음이 점점 옅어졌어요.

라이카는 민국이를 놔두고 쪽쪽이와 함께 연구실을 빠져나왔어요.

문 앞에 있던 라이카의 귀에 끙끙거리는 소리가 들렸어요. 민국이가 문을 긁으면서 내는 소리였어요. 순간 사육장 안에 있던 비글들의 모습이 하나씩 스쳐 지나갔어요. 라이카는 다시 연구실로 들어갔어요.

왜 비글이 실험 동물로?

비글은 실험견으로 사용되는 대표적 개야. 실험 동물로 쓰인 개 중의 상당수가 비글이야. 그런데 여기에는 슬픈 사연이 숨어 있어. 사람을 유난히 잘 따르고 성격도 온순해서 다른 개들보다 통제도 더 잘 되고, 실험자 말을 잘 들어서라는 거야. 또한 반복적인 실험에도 저항이 덜하다고 해. 그러면 실험이 끝난 비글은 어떻게 될까? 극히 일부는 동물 보호소에 맡겨지거나 입양되는 경우도 있지만 대부분 안락사 처리되는 게 원칙이야. 어찌 되었든 슬픈 일이 아닐 수 없어.

라이카도 궁금한 이야기

라이카의 죽음

"내…… 내가…… 그렇게 죽은 개라면 믿겠어?"

라이카의 윗입술이 떨렸어요. 죽은 지 오랜 시간이 흘렀지만 그날의 기억은 고스란히 라이카의 머리에, 몸에 그대로 남아 있었어요.

민국이가 고개를 천천히 돌렸어요.

"내 진짜 이름은 라이카가 아니라 쿠드랍카야."

처음 들어 보는 이름에 쪽쪽이가 놀란 표정을 지었어요.

"나는 모스크바를 떠돌던 떠돌이 개였어. 어느 날 사람들이 친절하게 다가와 먹이를 주었지. 너처럼 말이야. 그때 사람들을 따라가지 말았어야 했는데……."

라이카는 그날을 떠올리며 머리를 흔들었어요.

"그곳에는 나 말고도 여러 마리의 개가 있었어. 우린 좋은 음식과 좋은 잠자리에서 한동안 보냈지. 그땐 좋은 주인을 만났다고만 생각했어. 하지만 며칠씩 한곳에 들어가 나오지 못하게 할 때도 있었고, 먹이를 주지 않을 때도 있었어. 그게 훈련인지 나중에 알았지만. 그래도 난 끝까지 견뎠어. 다른 개들이 사라질 때까지."

지난 이야기를 하는 라이카의 눈빛은 두려움과 슬픔으로 물들어 갔어요. 민국이가 라이카의 얘기에 관심을 보이기 시작했어요.

"개들이 사라지다니 그게 무슨 말이야?"

"나도 몰라. 같이 있던 개들이 어디로 사라졌는지 보지 못했으니까."

민국이가 고개를 끄덕거렸어요. 라이카의 흰 털과 펄럭이는 귀가 낯이 익었어요.

"과학자들은 고민을 했다고 하더군. 어떤 동물을 선택할지 말이야. 파리, 쥐, 토끼, 도마뱀? 그런데 좁은 공간에서도 잘 견딜 수 있는 나를 선택한 거야."

"엄마에게 뭘 시켰는데?"

콩알보다 작은 쪽쪽이의 눈이 깜박였어요. 라이카는 쪽쪽이의 눈을 보며 혼잣말을 했어요.

"스푸트니크……."

"스푸트니크라면…… 혹시, 그 라이카?"

문득 생각이 난 민국이는 화들짝 놀랐어요.

"최초로 우주로 날아간 개! 라이카 맞지?"

"우주로 날아갔다고? 엄마가?"

라이카는 고개를 끄덕였어요.

"하지만 난 돌아오지 못했어. 스푸트니크 2호에는 지구로 돌아오는 장치가 없었으니까. 사람들은 애초에 날 살릴 생각이 없었던 거야."

민국이와 쪽쪽이의 입이 벌어졌어요.

우주로 간 동물들

'스트렐카'와 '벨카'는 1960년 스푸트니크 5호를 타고 24시간 동안 지구를 17바퀴 돌았어. 그리고는 무사히 지구로 돌아왔지. 떠돌이 개 라이카, 다람쥐원숭이 베이커, 1959년 붉은털원숭이 에이블, 1961년 침팬지 햄까지 모두들 사람들을 대신해 값진 희생을 해 준 동물들이야. 이외에도 거미, 바퀴벌레, 기니피그, 고양이들이 그 뒤를 이어 우주선에 몸을 실었어.

벨카(왼쪽)와 스트렐카(오른쪽)

"귀가 떨어질 정도의 요란한 소리와 뜨거운 온도, 그리고 엄청난 진동이었어. 40℃가 넘는 우주선 안에 7시간 넘게 꽁꽁 묶여있었고 결국에는 공기가 다 떨어져서 숨막혀 죽어 버렸지."

라이카가 긴 한숨을 토해 냈어요. 쭉쭉이가 그런 라이카를 핥아 주었어요. 민국이는 고개를 푹 숙였어요.

"여기서 나가면 다시 사람으로 돌아갈 수 있을까?"

"일단 나가자. 나가서 방법을 찾아보는 거야."

라이카의 말에 민국이가 고개를 들었어요.

살짝 열린 연구실 문에 민국이가 발을 넣어 틈을 만들었어요. 문은 어렵지 않게 열렸어요. 그때였어요. 희미하게 발자국 소리가 들려왔어요.

뚜벅뚜벅. 발자국 소리는 점점 커졌어요. 연구원이 복도 끝에서 걸어오고 있었어요. 한 손에는 간식을 들고 말이에요. 민국이가 한 발짝 뒤로 물러났어요.

"어서 도망가!"

라이카가 소리를 질렀어요. 하지만 민국이는 그 자리에 얼어붙은 듯 움직이지 않았어요.

"모카야, 이리 온."

연구원이 간식을 흔들며 민국이 앞으로 바짝 다가왔어요. 그러고는 목줄을 움켜잡았어요.

"우리 모카, 착하지. 곧 중요한 일을 해야 하는데 힘 빼지 말자."

연구원은 민국이를 쓰다듬었어요. 민국이의 꼬리가 살랑거렸어요. 실험실에서 비글을 좋아하는 이유가 있었어요. 비글은 온순한데다 사람들에게 순종적이었어요. 어떤 상황에서도 반항하지 않는 그런 순한 개였어요. 연구원을 따라가며 민국이가 라이카와 쪽쪽이를 바라봤어요.

민국이는 실험실로 옮겨졌어요. 작은 철장 안에 갇힌 민국이의 눈에는 두려움이 가득 차 있었어요. 그런 민국이를 연구원이 어루만졌어요. 민국이가 연구원의 손에 얼굴을 비볐어요.

그 모습을 보고 있던 쪽쪽이가 턱을 괴고 한마디 했어요.

"이상해. 저렇게 예뻐하는데, 아프게 한다는 게 안 믿어져."

"차라리 예뻐하지나 말지."

라이카의 목소리에 원망이 가득 묻어났어요.

"이 갠가?"

실험실 문이 열리며 굵은 목소리가 들려왔어요. 연구원이 엉거주춤 일어났어요.

"네 박사님. 얼마 전에 연구소 앞에서 발견한 모카예요."

민국이가 박사라는 사람을 보고 흥분했어요. 라이카와 쪽쪽이가 박

사를 동시에 쳐다봤어요.

"아빠! 아빠! 저, 민국이예요."

장 박사였어요. 장 박사가 팔짱을 끼고 비글로 변한 민국이를 바라보고 있었어요.

"오늘은 쉬고 내일부터 진행할까요?"

연구원이 민국이를 진정시키며 조심스럽게 물었어요.

"시간이 없어. 오늘부터 진행해."

"그렇게 빨리요?"

"장기간 진행해 온 농약의 인체 유해성 실험이야. 이미 한두 차례 실험을 한 상태니 마지막 실험이라고 생각하면 돼. 비밀리에 진행되는 거니까 귀에 바코드는 찍지 말고."

연구원은 대답 대신 고개를 끄덕였어요.

"그나저나 민국이 소식은 있나요?"

자기 이름이 불리자 민국이는 컹컹 짖었어요.

"경찰에서 찾고 있는 중이야. 곧 좋은 소식이 들리겠지."

장 박사 눈가가 빨개졌어요. 눈앞에 민국이가 있는데도 알아보지 못했어요.

"자기 자식도 못 알아보고 쯧쯧."

3장 모카, 민국이

라이카가 혀를 찼어요.

민국이는 실험실 문을 나가려는 장 박사를 보고 끙끙거렸어요.

"아빠, 살려 줘요."

장 박사가 잠깐 뒤를 돌아봤어요. 하지만 그게 전부였어요.

실험견이 된 모카

그사이 연구원은 장 박사가 가져온 작은 유리병에 담긴 액체를 주사기로 옮겼어요.

"모카야, 괜찮아."

민국이에게 다가간 연구원이 재빠르게 주사를 놓았어요. 민국이가 잠시 움찔했어요.

민국이가 이상한 반응을 보인 것은 연구원이 나간 후였어요.

민국이가 갑자기 헐떡거리기 시작했어요.

"숨…… 숨이 안 쉬어져."

"정신 차려!"

라이카와 쪽쪽이의 모습이 점점 흐릿해지면서 민국이의 눈앞에서 사라졌어요.

비글들에게 실시되는 실험은?

4~6개월 된 어린 비글들에게 사료와 음료수에 독한 농약을 섞여 먹이는 실험이 있어. 이 동물 실험은 유럽 연합을 포함해 미국, 캐나다, 브라질 등에서 이미 금지시킨 시험 방법이지. 우리나라에서는 비글 구조 네트워크의 노력으로 농촌 진흥청에서 '1년 만성 반복 투여 경구 독성 시험'의 항목을 제외하기로 했어. 하지만 아직도 3개월 동안 비글들에게 농약을 먹이는 3개월짜리 농약 독성 시험은 그대로 남아 있단다.

라이카도 궁금한 이야기

민국이가 눈을 떴을 때엔 라이카가 걱정스럽게 쳐다보고 있었어요.

"다행이다. 실험용으로 죽지 않을 정도만 놓은 모양이야."

"이대로 죽는 줄 알았단 말이야."

쪽쪽이가 눈물을 글썽였어요. 민국이는 힘이 하나도 없었어요. 민국이가 라이카를 지그시 바라봤어요.

"라이카, 너도 이랬던 거야? 무서웠겠다. 아주 많이."

라이카의 심장이 쿵 내려앉았어요. 사람에게 처음으로 듣는 위로의 말이었어요.

"아빠가 그랬어. 연구소에서 이루어지는 실험들은 다 사람을 위한 거라고."

"사람들 나빠!"

쪽쪽이의 작은 주먹이 부르르 떨렸어요.

"우리는 사람들을 위해 원하지 않는 우주선에 타고, 원하지 않는 화장품을 바르고, 약물을 억지로 먹다가 죽어 가지."

민국이가 훌쩍거렸어요. 쪽쪽이가 천천히 다가가 민국이를 보듬었어요. 민국이는 발을 들어 쪽쪽이를 만지려 하다가 다시 내려놓았어요.

실험실 안으로 아침 햇살 한 줌이 들어왔어요. 어김없이 연구원이 다시 나타났어요. 일지에 민국이의 상태를 상세하게 적었어요.

"이 정도로는 죽지 않네. 양을 더 늘려 볼까?"

연구원이 힘이 빠진 민국이를 꺼내 흔들었어요. 민국이가 고개를 들

었어요.

맛있는 냄새가 솔솔 나는 사료가 눈앞에 있었어요. 민국이의 코가 실룩거리면서 본능적으로 몸이 움직였어요. 민국이가 사료를 막 먹으려는 순간이었어요.

쨍그랑! 유리병이 바닥에 떨어져 산산조각 났어요. 놀란 연구원이 벌떡 일어났어요. 그 주위를 라이카가 빙빙 돌았어요.

"누가 모를 줄 알아? 그 사료에 약물 넣는 거 다 봤어."

엄마야!

벼, 병이…… 저 혼자 깨졌어.

소스라치게 놀란 연구원이 주위를 두리번거렸어요. 그러고는 연구실을 빠져나갔어요. 놀란 건 연구원만이 아니었어요. 쪽쪽이와 민국이도 화들짝 놀랐어요.

라이카는 매우 화가 나 있었어요. 그동안은 사람들이 동물들을 못살게 굴어도 가만히 보고만 있거나, 버럭 화를 내는 정도였어요. 하지만 라이카는 달라져 있었어요.

"이러다 죽겠지?"

"무슨 소리야. 절대 죽게 내버려 두지 않을 거야."

"실험을 다 끝낸 동물을 안락사시킨다는 거 나도 알아."

쪽쪽이는 안락사가 뭔지 몰라 라이카를 바라봤어요.

"쪽쪽아, 민국이랑 여기서 기다려."

안락사란?

회복의 가망이 없는 중환자의 고통을 덜어 주기 위하여 인위적으로 생명을 단축시켜 죽게 하는 의료 행위를 말해.
실험 동물의 경우 독극물이나 약물을 투여하는 따위의 방법으로 생명을 단축시키는 것을 의미하는데, 동물 스스로 회피할 수 없는 고통과 공포로부터 해방시켜 주기 위한 최선의 인도적 동물 사랑이라고 주장하는 인간도 있지만 안락사를 하나의 죽이는 방법으로 여겨 거부와 비판의 대상으로 삼는 인간들도 있단다.

라이카도 궁금한 이야기

"같이 갈 거야."

"엄마가 꼭 할 일이 있어서 그래."

라이카는 윙크를 날리고 연구실을 빠져나갔어요.

창문 밖으로 달이 뜨도록 라이카는 나타나지 않았어요. 쪽쪽이는 기다리지 못하고 연구실 밖으로 나갔어요.

"그 얘기 들었어?"

"무슨 얘기?"

퇴근을 서두르는 연구원들이 목소리를 낮추었어요.

"실험실에서 자꾸 이상한 일이 생긴다는 거야."

"이상한 일?"

"동물들한테 실험을 하려고 하면 책상이 흔들리고 벗지도 않은 장갑이 벗겨지질 않나, 실험실에서 개 짖는 소리가 들리기도 한 대."

"그럼 그 소문이 진짜야? 왜, 있잖아. 죽은 동물들이 나타나서 해코지한다는 소문 말이야."

연구원들은 몸을 흠칫 떨며 발걸음을 재촉했어요.

동물 실험 찬성과 반대 의견

동물 실험이 효과가 있는가?

찬성

질병을 예방할 백신 개발에 쓰임

치료제 개발은 동물 실험에만 한정됨

실험 동물과 인간의 차이도 실험 요소에 포함됨

동물 실험을 통해 장기 이식, 심장 개복 같은 수술 기술을 개발함

반대

동물과 인간이 약물에 반응하는 정도가 다름

인간 세포 배양, 컴퓨터 모델 등 대체법으로도 충분함

동물 실험 중 실험 동물이 받는 스트레스는 결과의 신뢰도를 떨어뜨림

동물 실험은 의학이나 외과 수술 같이 인간의 복지 증진과 관계 없는 곳에서 여전히 시행됨

동물 실험이 윤리적으로 옳은가?

찬성

인간의 삶이 동물의 삶보다 본질적으로 가치가 큼

법적인 규제를 통해 실험 동물 학대를 예방할 수 있음

식용으로 쓰이는 동물은 의학 연구로서의 가치가 있는 죽음임

안락사를 시키므로 고통 없이 죽음

반대

인간과 마찬가지로 동물도 삶에 대한 권리가 있음

아무리 엄격한 규제라도 동물 학대를 완전히 예방하지 못함

연구를 위한 죽음도 살생으로 볼 수 있음

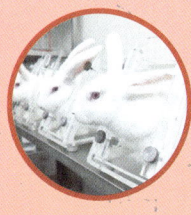
실험을 위해 가두는 것만으로도 동물은 스트레스를 받음

토론왕 되기!

실험 동물의 고통, 사람도 괴로워요!

> ↳ 동물을 희생시킬 때마다 죄책감에 시달리고 스트레스를 받습니다. 제가 정신적으로 너무 나약한 건가요?
>
> ↳ 죄책감 때문에 다른 실험실로 옮긴 사람도 있어요.

국내 생물학 연구자들의 온라인 게시판에 이용자들이 올린 글입니다.
동물 실험로 인한 동물들의 피해에 대한 호소는 꾸준히 제기되고 있지만, 동물 실험을 하는 연구자들의 정신적 스트레스에 대해서 관심을 주는 사람이 거의 없습니다. 동물뿐 아니라 연구자들도 동물 실험 과정에서 양심적 고통을 포함한 여러 스트레스를 겪는다는 사실을 아시나요?
동물 실험의 마땅한 대안이 없는 만큼 동물의 희생을 안타까워하는 연구자들도 어쩔 수 없이 실험에 참여해야 합니다. 실험이 장기간 진행되는 경우 연구자와 실험 동물 사이에 강한 유대감이 생기게 되는데, 특히 인간과 비슷한 영장류 실험에서는 안정적인 사육 환경을 만들기 위해 동물과 많은 시간을 함께 보내야 합니다. 연구자들은 이렇게 애정이 쌓인 동물들이 실험 과정에서 고통으로 괴로워하는 것을 눈앞에서 바라볼 수밖에 없어요.
서울대학교 의과대학 감염병 연구소 모효정 교수는 '동물 실험 연구자의 정신적 스트레스에 관한 예비 연구'라는 논문에서 연구자들의 스트레스에 대해 다루었습니다.

실험 동물들의 고통 등급은 가장 약한 A등급에서 E등급으로 나뉘는데 2018년 우리나라에서 시행된 실험에 참여한 372만 마리의 동물의 고통 등급을 조사한 결과 '중증도 이상의 고통 억압'을 느끼는 D그룹(35.5%)과 '극심한 고통·억압이나 회피할 수 없는 스트레스'를 받는 E그룹(36.4%)이 70% 이상을 차지했어요.

애정을 나눈 동물들이 이렇게 극심한 고통을 느끼는 것을 보고 아무런 감정을 느끼지 못하는 사람은 드물겠죠. 그러나 동물 실험에서 정신적 고통을 느낀 사람의 대다수는 이를 해소할 길을 찾지 못하고 있어요. 이들 중 스트레스를 해소하기 위한 조처를 했다고 답한 사람은 35.5%에 불과했어요. 또한 동물 실험으로 연구실 생활이 힘들다고 답한 연구자들의 스트레스 정도는 5점 기준에 3.26점에 달해 매우 높은 수치를 보여 주었습니다.

모 교수는 "현재 우리나라에서 동물 실험 연구자들의 심리를 치료하고 상담하기 위한 공식적인 통로가 거의 없다."면서 "동물 실험으로 인해 정신적 외상을 겪으면서도 수행할 수밖에 없는 연구자들을 위한 지원 시스템의 구축이 필요하다."고 강조했어요.

연구자들이 받는 정신적 고통을 줄일 수 있는 방법에는 어떠한 것이 있을지 토론해 보아요.

아는 만큼 보인다!

민국이는 동물 실험에 대해서 많이 알고 싶어 인터넷을 통해 열심히 찾아봤어요. 그런데 알쏭달쏭, 갸우뚱 갸우뚱! 민국이가 제대로 알고 있는 것에는 ○로 표시하고, 잘못 알고 있는 부분은 바르게 고쳐 보세요.

1. 동물 위령제는 인간을 위해 희생된 동물들의 넋을 기리는 것이다.

2. 토끼의 눈썹에 마스카라 실험을 한다.

3. 라이카는 스푸트니크 2호를 타고 우주여행에 성공한 후 무사하게 지구로 돌아왔다.

4. 개를 이용하는 동물 실험에는 주로 치와와를 많이 이용한다.

정답 ❶ ○ ❷ ○ ❸ 라이카는 우주에서 죽고 말았다. ❹ 비글을 많이 이용한다.

세상 밖으로

복도에서 라이카와 쪽쪽이가 마주쳤어요.

"왜 나와 있어?"

"엄마가 안 와서."

"민국이는?"

"기운이 하나도 없나 봐. 누워만 있어."

"어서 가자."

라이카가 쪽쪽이를 데리고 서둘러 연구실로 돌아갔어요. 그런데 연구실 문이 열려 있었어요. 바닥에는 털이 이리저리 흩어져 있었어요.

"이제 마지막 실험이야. 그동안 고생했다. 모카야."

엉덩이 부분의 털이 밀린 민국이가 모든 것을 포기한 듯 연구원의 손에 기대어 있었어요. 그리고 날카로운 주사바늘이 민국이의 엉덩이를 찔렀어요.

"그러지 마. 제발!"

라이카의 비명 소리와 함께 책상에 있던 책상등이 흔들렸어요.

"뭐…… 뭐지?"

　너무 놀란 나머지 연구원이 엉덩방아를 찧었어요. 그와 동시에 그동안 적은 일지들이 한 장씩 찢어졌어요. 라이카가 입으로 갈기갈기 찢어 날려 버린 것이었어요.

"아아아아악!"

연구원은 소리를 지르며 연구실을 빠져나갔어요. 민국이는 주사를 맞고 토악질을 했어요. 몸이 축 늘어지고 눈동자가 흐릿해졌어요.

"엄마, 민국이가 이상해."

쪽쪽이는 어쩔 줄 몰라 했어요.

"정신 차려. 여길 빠져나가야 해."

라이카의 말에 축 처져 있던 민국이가 겨우 눈을 떴어요.

"네가 나가서 사람들에게 알려 줘. 힘없는 우리가 얼마나 억울하게 죽어 가는지 말이야. 그러니까 힘을 내!"

민국이가 다리 하나를 딛었어요. 그리고 뒷다리를 일으켰어요.

실험실 밖으로 나오기까지는 꽤 오랜 시간이 걸렸어요. 실험실 복도 끝자락에서 요란한 발자국 소리가 들렸어요. 뛰쳐나간 연구원과 경비원이 뛰어오고 있었어요.

"민국아, 혼자 나갈 수 있지? 나중에 밖에서 만나."

민국이는 고개를 끄덕였어요.

라이카는 쪽쪽이를 데리고 다른 실험실로 들어갔어요. 그곳에는 원숭이들이 기다란 통 속에 몸통이 끼인 채 머리만 내밀고 있었어요.

"뒤는 돌아보지 말고 가고 싶은 곳으로 가."

이 한 마디와 함께 라이카는 원숭이들을 풀어 주었어요. 라이카와 쪽쪽이는 다시 생쥐들이 있는 곳으로 날아갔어요.

"쪽쪽이 아냐?"

털이 듬성듬성 난 쥐가 쪽쪽이를 보고 반가워했어요. 쪽쪽이가 히죽 웃었어요.

"도망 가. 최대한 멀리."

라이카가 유리통 문을 열었어요.

귓불이 머릿속에 들어간 쥐가 유리통 벽에 바짝 붙었어요. 조심스럽게 유리통 밖으로 발을 내밀었다가 다시 거둬들였어요.

"우린 갈 데가 없어. 실험실에 길들여져 있어서 나가 봤자 굶어 죽을 거야. 여기서 죽으나 밖에서 죽으나 똑같아."

라이카는 귓불이 머릿속에 들어간 쥐의 마음을 알 것 같았어요.

쪽쪽이가 성큼성큼 유리통 속으로 들어갔어요. 털이 듬성듬성 난 쥐의 발을 잡아당겼어요.

"왜…… 왜 이래?"

"삶을 포기하지 마. 난 세상에 태어날 권리조차 얻지 못 했어."

털이 듬성듬성 난 쥐와 귓불이 머릿속에 들어간 쥐는 그 말에 유리통 밖으로 고개를 내밀었어요. 유리통 밖의 세상이 다르게 보였어요. 유리통 밖으로 나가고 싶다는 생각이 꼬물거리며 올라오고 있었어요.

곧장 사육장으로 날아간 라이카는 동물들을 다 풀어 주었어요. 밖으로 나가 본 적이 없는 동물들은 문이 열려도 그대로 철장 안에 있었어요. 그런 동물들을 쪽쪽이가 다그쳤어요.

"어서 나와요. 어서요."

원숭이 할아버지가 천천히 철장 밖으로 나왔어요.

"죽기 전에 세상 구경을 다 하겠구나. 고마우이."

깊이 숨을 들이마셨다가 뱉어 낸 원숭이 할아버지는 햇살이 쏟아지는 사육장 밖으로 천천히 걸음을 옮겼어요. 그 뒤를 동물들이 하나둘 따라나섰어요.

 **돌아온 민국이**

연구소는 발칵 뒤집혔어요. 실험실에 있던 동물들이 연구소 밖으로 우르르 몰려나왔고, 경비원이 동물들을 발견했을 때는 이미 늦은 상태였어요.

"한 마리도 놓치지 말고 잡아들여!"

연구소장의 말에 연구원들과 사람들이 이리 저리 뛰어다녔어요. 동물들은 멀리 가지 못하고 연구소 주위를 맴돌았어요. 연구원들은 먹이로 유인을 하고, 그물을 던지고, 마취 총을 쏴서 동물들을 잡아들였어요.

나를 놓아 주세요

이 말은 침팬지가 처음으로 표현한 말이야. 침팬지는 왜 그런 말을 했을까? 미국의 오클라호마 주립대의 연구 팀에서 있었던 일인데 동물의 지능 한계를 알아보려고 침팬지에게 수화를 가르쳤고, 놀랍게도 140개의 단어를 알게 되었어. 그런데 침팬지가 처음 자기 생각을 표현한 것이 "나를 놓아 주세요."였다고 해. 실험으로 고통 받는 동물들이 모두 하고 싶은 말이 아니었을까?

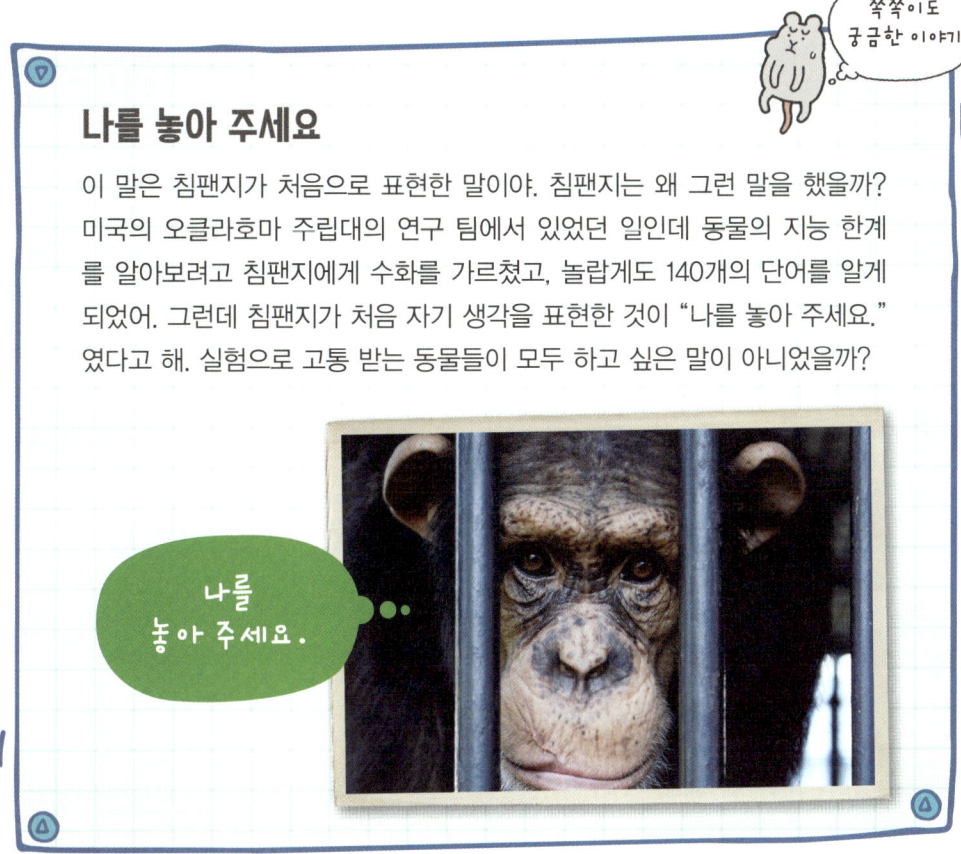

나를 놓아 주세요.

민국이는 뒤로 한 발짝 물러섰어요. 연구원이 주머니에서 간식을 꺼내들었어요.

"모카야, 착하지."

다가가면 안 된다는 걸 알지만 민국이 꼬리가 저절로 흔들렸어요.

"옳지."

연구원이 민국이를 꽉 붙잡았어요. 순간 번쩍 플래시가 터졌어요. 민국이가 두 눈을 질끈 감았어요.

"지금 뭐 하시는 거예요?"

"조아 신문에서 나왔습니다. 동물들에게 규정을 무시하고 가혹한 실험을 했다는데 사실입니까?"

"그런 적 없어요."

"개 엉덩이는 왜 그러죠?"

연구원은 얼른 털이 밀린 곳을 손으로 가렸어요.

"K사의 농약 실험은 들어 보신 적 없으신가요?"

기자들은 끈질기게 연구원을 따라오며 질문했어요. 연구원은 허둥지둥 민국이를 안고 뛰었어요.

"정식으로 촬영 허락 구하고 오시죠."

장 박사가 기자들을 막아섰어요.

"실험실에선 동물 복지가 제대로 이루어지고 있는지 얘기해 주시겠습니까?"

"당연하죠. 저흰 매년 사람을 위해 희생한 동물들을 기리는 마음으로 위령제를 지내고 있어요. 그런 곳에서 동물 복지는 기본 아니겠습니까?"

장 박사는 눈 하나 깜짝 안 하고 거짓말을 했어요. 그 모습을 라이카와 쪽쪽이가 지켜보고 있었어요.

"동물 실험이 꼭 필요하다고 생각하십니까?"

장 박사는 어이없다는 표정으로 잠깐 동안 기자를 쳐다봤어요.

"그럼 인간의 몸에 해로운지 해롭지 않은지 어떤 방법으로 알 수 있죠? 개를 통한 실험으로 '인슐린'이 발견되어 수많은 당뇨병 환자들을 살렸어요. 어디 그뿐인가요? 백혈병 치료제 '글리벡'이 사람에게 효과가 있다는 사실을 원숭이 실험으로 밝혀냈죠. 더 얘기해야 합니까?

"하지만 동물들이 과연 원했을까요?"

기자들은 떠나려는 장 박사를 계속 쫓아가며 질문을 던졌어요. 장 박사는 얼굴을 찡그렸어요.

"사람들이란 휴우."

라이카가 고개를 돌렸어요. 쪽쪽이도 라이카를 따라 고개를 돌렸어요.

연구원 품에 안겨 있던 민국이는 남아 있는 힘을 다해서 빠져나가려고 발버둥을 쳤어요. 그러다 연구원의 손등을 꽉 깨물었어요.

"아얏!"

바닥에 떨어진 민국이가 장 박사가 있는 곳으로 달려갔어요. 그때였어요. 우르르 쾅! 천둥소리와 함께 번개 한 줄기가 내리쳤어요. 위령제가 있던 그날처럼 말이에요. 사람들은 비를 피해 우왕좌왕 달아났어요. 장 박사는 고개를 들어 쏟아지는 비를 맞았어요.

"아빠!"

민국이가 소리쳤어요. 그렇게 찾아도 찾을 수 없었던 민국이가 장 박사의 눈앞에 나타났어요.

"민국아! 대체 어디 있었던 거야?"

민국이를 끌어안는 장 박사를 바라보며 쪽쪽이가 말했어요.

"잘 됐다 그치 엄마?"

"응."

동물 실험의 미래

비글이 된 민국이를 연구원이 안고 있는 사진은 순식간에 뉴스와 인터넷에 대문짝만하게 실렸어요. 민국이의 눈동자는 흐리멍덩했고, 침을 질질 흘리고 있었어요.

신문사와 방송국에서 촬영을 하기 위해 연구소로 몰려들었어요. 연구소는 문을 굳게 걸어 잠갔어요. 하지만 연구소를 그만둔 연구원의 생생한 증언이 방송을 타면서 연구소에서 이루어진 잔인한 실험들이 낱낱이 밝혀졌어요.

"동물들의 비명 소리가 아직도 들려요. 꿈에 죽은 동물들이 나타나서

세계 실험 동물의 날이 4월 24일인 이유

세계 실험 동물의 날은 영국의 NAVS(National Anti-Vivisection Society, 동물 실험 반대 협회)가 1979년 제정했어. 그런데 4월 24일은 어떤 의미가 담겨 있을까? 이날은 NAVS의 대표이자 동물 권리를 위해 노력한 휴 다우딩(Hugh Dowding)의 생일이란다.
NAVS에서는 동물 실험실의 잔혹함을 보여 주는 영상을 최초로 세상에 공개했는데, 실험실의 잔혹성을 본 많은 사람들은 이 일을 계기로 실험실 동물들을 위한 복지와 권리에 관심을 갖게 되었고, UN에서는 공식적으로 세계 실험 동물의 날로 지정했지.

라이카도 궁금한 이야기

하루도 편히 잔 적이 없어요. 저도 집에서 반려동물을 키우지만 실험실에서 말도 못 하는 동물들이 하루에도 몇 마리씩 죽어 나가는 것을 보며 견딜 수가 없었어요. 실험만 하다 죽어 간 동물들은 안락사를 당하기도 하지만 그렇지 못하고 그냥 버려지는 경우도 있었어요."

좁은 철장 속에 갇힌 동물들의 모습은 해맑았어요. 하지만 곧이어 실험에 이용당하는 동물들의 영상이 인터뷰와 함께 방송되었고, 사람들은 충격에 휩싸였어요.

"제가 쓰고 있는 마스카라가 토끼 눈을 아프게 하면서 만들어지는 줄 몰랐어요. 이제 그 회사의 마스카라는 쓰지 않을 거예요."

"원숭이의 눈을 잊을 수가 없어요."

"실험을 당하던 비글을 데려와서 사랑으로 키우고 싶어요. 비글한테 너무 미안해요."

사람들은 동물 실험에 대해 더 관심을 갖기 시작했어요. 동물 연대와 동물을 사랑하는 작은 모임들이 모여 하루도 빠짐없이 연구소 앞에서 시위를 했어요. 그 시위에 참여하는 사람들은 하나둘 늘어났어요.

"동물들의 권리를 보장하라. 보장하라!"

마침내 연구소에서는 기자 회견을 하기에 이르렀고, 장 박사는 연구소를 떠나게 되었어요.

세계적으로 유명한 아이돌은 SNS를 통해서 동물 실험 화장품을 사용하지 말자는 글을 올렸어요. 그 영향력이 얼마나 컸던지 동물 실험을 했던 화장품 회사에서 더 이상은 동물 실험을 하지 않겠다는 발표를 하게 되었어요.

민국이는 유튜브를 시작했어요. 아빠인 장 박사와 함께 실험 동물에 대한 모든 것을 알아보고 파헤치는 유튜브였어요.

"아빠, 떨려요?"

"아⋯⋯ 아니."

장 박사는 이마에 흐르는 땀을 닦느라 바빴어요. 옆에 얌전히 앉아 있던 콩이가 장 박사의 손을 핥았어요. 콩이는 연구소에 있던 비글이었어요. 장 박사는 실험 동물이었던 콩이를 입양했어요. 지금은 장 박사가 가는 곳이면 언제든지 콩이가 함께했어요.

"장 박사가 간다~. 장 박사님, 오늘은 어떤 얘기를 해 주실 건가요?"

"동물 실험을 대체할 수 있는 방법에 대해 이야기해 보려고 합니다."

민국이는 아빠에게 엄지손가락을 들어 보였어요.

"지금 당장 다 바꿀 수는 없지만 동물을 이용하지 않고 다른 방법을 이용한 실험이 늘고 있어요. 예를 들면 휴먼 오가노이드, 장기 칩, 차세대 컴퓨터 모델링, AI 등과 같은 것이지요."

"그래도 꼭 동물 실험을 해야 한다고 말하는 사람들도 있어요."

"영국의 과학자들이 정한 세 가지 원칙이 있어요. 바로 3R 원칙이에요. 대체, 개선, 감소를 뜻하는 이 원칙은 현재 국제 사회에서 실험 윤리의 기본 원칙으로 자리잡았어요. 우리나라 동물 보호법 제 23조에도 동물 실험의 원칙으로 분명하게 명시되어 있어요."

콩이가 장 박사 옷자락을 잡아당기며 끙끙거렸어요.

"잠깐만 쉬었다 하자."

장 박사는 콩이를 데리고 밖으로 나갔어요. 민국이는 웃음 띤 얼굴로 그 모습을 바라봤어요.

연구소 마당에서는 위령제가 열리고 있었어요. 두 번째 위령제였어요. 지난번 위령제 때보다 상 위가 풍성했어요. 싱싱한 채소부터 다양한 씨앗과 바나나…… 동물들이 좋아하는 먹거리가 가득했어요.

3R 원칙

1950년대 말, 영국의 과학자 렉스 버치와 윌리엄 러셀은 실험 동물에 대한 도덕적이고 윤리적인 의무와, 절차상 수반되는 고통에 대한 내용을 언급하면서 가능한 한 동물 실험을 수행하지 않도록, 동물을 **대체**할 수 있는 실험 방법을 이용하는 것(Replacement), 실험 동물을 사용해야 하는 상황에서 실험 동물의 고통을 줄이도록 **개선**하는 것(Refinement), 동물 실험을 할 경우에 사용되는 실험 동물의 수를 **감소**시키는 것(Reduction)이라는 원칙을 제안했는데, 각각의 머리글자를 따서 '3R 원칙'이라고 해.

궁금한 이야기 — 라이카도

라이카와 쪽쪽이는 민국이랑 만났던 그 자리에 있었어요. 역시나 쪽쪽이는 볼이 터지도록 먹을 것을 넣고 오물거렸어요.

"이제 그만 먹지."

라이카가 눈을 흘겼어요.

"시러엉."

쪽쪽이가 씨이익 웃었어요. 그런 쪽쪽이가 귀여운 듯 라이카는 쪽쪽이의 볼을 살짝 핥아 주었어요.

이제 쪽쪽이는 손가락을 빨지 않았어요. 신기한 일이었어요.

"동물들의 영혼이 하늘에서 편히 쉴 수 있도록 마음을 다해서 묵념합시다."

새로운 연구소장이 고개를 숙였어요. 뒤이어 연구원들과 장 박사, 민국이가 고개를 숙였어요.

그 순간 하늘에서 시작된 노란 빛이 땅으로 내려왔어요. 쪽쪽이는 하늘로 올라가는 동물들을 바라봤어요.

"엄마."

라이카가 무심코 고개를 돌렸어요. 쪽쪽이의 빨갛고 작은 눈 속에 눈물이 출렁였어요. 라이카는 놀라 쪽쪽이를 얼른 안았어요.

"왜 그래?"

"나한테 엄마는 라이카뿐이에요."

"쪽쪽아……."

라이카는 가슴이 아려 왔어요. 언젠가 이런 날이 올 줄 알고 있었지만 막상 쪽쪽이를 보내야 한다고 생각하니 보내고 싶지 않았어요. 쪽쪽이가 분홍빛 손바닥을 내밀었어요.

"엄마도 나랑 같이 가자."

"엄마는…… 나중에 갈게. 아직 할 일이 남아 있어."

노란 빛을 타고 쪽쪽이가 천천히 하늘로 올라갔어요. 쪽쪽이가 앙증맞은 손을 흔들었어요. 다시는 분홍빛 작은 그 손을, 오물거리던 볼을 볼 수 없다고 생각하니 눈물이 핑 돌았어요. 라이카의 앞발이 저절로 쪽쪽이를 따라 움직였어요. 그러다 멈추었어요.

라이카는 가슴을 쭉 폈어요. 사람에게 잡혀 우주선을 탔던 라이카가 아니라 떠돌이 개 쿠드랍카로 다시 태어나는 순간이었어요.

어디선가 억울하게 죽어 가고 있는 동물들을 위해 쿠드랍카는 할 수 있는 일들이 있을 거라 생각했어요. 쿠드랍카는 붕 떠올라 다른 나라로의 여행을 시작했어요. 그 여행의 끝에는 쪽쪽이와의 재회가 기다리고 있을 거예요.

세계 여러 나라의 동물 보호법

미국
1873년
미농무성에서 미국 동물 복지법(AWA) 제정

1966년
실험실 동물 복지법 제정

콜롬비아
2018년
동물 보호와 동물 학대에 관한 법 인가 동물 등에 대한 폭력, 학대, 잔혹 행위를 범죄로 인정

멕시코
2013년
동물 보호법 제정 인간이 아닌 모든 동물에게 잔혹 행위를 가하는 자에게는 벌금을 비롯하여 최대 4년의 징역형을 선고

브라질
2014년
상파울로시에서 화장품 동물 실험 금지

2020년
반려동물 학대 행위에 대한 처벌을 강화하는 법안 마련

영국
1822년
세계 최초의 동물 보호법인 '마틴법' 제정(1849년 동물 학대법에 의해 개정)

1876년
동물 실험을 규제하는 내용을 담은 '동물 학대 방지법'을 통해 동물 실험법의 윤리적 모델을 제시함

독일
1933년
나치 독재가 시작되기 전에 히틀러와 나치당에서 세계 최초로 현대적이고 구체적인 동물 보호법 제정

2002년
동물 보호법 헌법에 명시 보호소 내에서 안락사 금지

한국
1991년
동물 보호법 제정

2011년
동물 보호법 개정

네덜란드
강아지 등록세와 동물 사건 전문 담당 경찰을 통한 철저한 관리로 유기견이 없음

인도
2013년
화장품 동물 실험 금지 법안 통과

호주
2019년
반려 동물법 제정

2020년
화장품 관련 동물 실험 금지법 시행

스위스
1978년
동물 보호법 제정
헌법에 동물 보호에 관한 조항을 별도로 둠

동물 실험 대체 기술에는 무엇이 있을까?

일상생활에서 접하는 화학 물질 하나를 개발하기 위해 매년 수많은 실험 동물이 생을 마감합니다. 안전성 검증을 위해 동물 실험이 필요하다는 의견도 있습니다만 실험이 늘 성공하는 것도 아니기에 실패할 때마다 헛되이 희생을 당하는 동물들이 생긴다는 문제점도 있습니다.

이 문제에 대한 대안으로 과학계에서는 동물 실험을 최소화하는 기술, 즉 '동물 대체 실험' 연구가 이어지고 있어요. 안전성 검증을 동물 실험 이외의 방법으로 대체하자는 것입니다.

대표적인 방법 중 하나는 화학 물질 독성 평가에 쓰이는 '인공 피부'입니다. 인간의 피부 표피를 배양해 만든 이 인공 피부는 수분 함량이나 전기 전도도가 실제 사람 표피와 유사합니다.

실험 동물의 종류를 바꿔 최소한 고등 동물의 희생만이라도 줄이려는 움직임도 있습니다. 한 예로 제브라피시는 성체가 3~4㎝ 정도인 담수어로, 유전자나 세포 조직이 인체와 유사합니다. 세포 실험과 포유 동물 실험의 중간 단계에 적용하면 희생되는 고등 동물의 수를 최소화할 수 있을 것으로 기대하고 있습니다.

화장품 이외의 분야에서도 동물 대체 실험이 속속 도입되고 있습니다. 인체에서 떼어낸 세포를 배양해 임플란트, 아말감 같은 치과 재료의 생물학적 안정성을 동물 실험 없이 평가하는 방법도 개발되었습니다.

최근 생명과학계에서 주목받는 '오가노이드' 기법도 각광받고 있습니다. 오가노이드는 줄기세포나 장기세포에서 분리한 세포를 배양하거나 재조합해서 만든 실험용 소형 장기입니다.

지금까지는 항암제 개발 과정에서 환자의 종양 세포를 채취해 실험용 쥐에게 이식하고, 쥐에게 실험용 약물을 투약해 효과를 확인한 다음에 인간을 대상으로 하는 임상 시험에 도입했습니다. 오가노이드로 이 과정을 대체하면 실제 동물과 임상 시험에서 상반된 결과가 나오는 것도 피할 수 있습니다.

한편 인공지능인 AI에게 빅데이터를 통해 1만여 개의 화학 물질에 대한 86건의 동물 실험을 학습하게 한 뒤, 화학 물질이 인체에 미치는 독성 정도를 예측하게 한 결과 실험 정확도는 87%로 나타났습니다. 이는 동물 실험의 정확도 81%보다 높은 수치입니다. 이는 AI가 곧 동물 실험을 대체할 수 있다는 가능성을 보여 준 것입니다. AI 기술을 도입하면 컴퓨터를 이용한 가상 실험으로 대체할 수 있어 시간과 비용 모두 절약이 가능합니다. 향후 구조가 비슷한 화학 물질은 과거 데이터에서 독성을 예측하도록 하고, 차후에는 동물 실험과 생태계에 미치는 영향에 대한 실험도 AI로 대체할 계획입니다.

동물 실험을 대체하기 위해 장래 어떠한 기술들이 개발될지 의견을 나눠 보아요.

아는 만큼 보인다!

쪽쪽이가 징검다리를 건너 라이카에게 가려고 해요.
맞는 내용이 적혀 있는 징검다리를 건널 수 있도록 도와주세요.

출발

1. 동물 실험이란 사람이 아닌 동물을 실험 대상으로 이용하는 것이에요.
2. 10월 4일은 세계 실험 동물의 날이에요.
3. 실험 동물을 위한 위령제도 있어요.
4. 동물의 복지는 필요 없어요.
5. 동물도 고통을 느낄 수 있어요.
6. 갈레노스는 동물을 해부하였어요.
7. 길을 잃거나 버려진 동물을 실험에 이용하는 것은 불법이 아니에요.
8. 비글을 동물 실험에 많이 쓰는 이유는 온순하고 사람을 잘 따르기 때문이에요.

도착

정답: ①→③→⑤→⑥→⑧

> 어려운 용어를 파헤치자!

동물 보호법 동물 학대를 방지하는 등 동물을 보호하고 관리하기 위해서 제정한 법이에요. 보호 대상은 척추동물의 일부에 한정되며 사육 관리, 학대 금지, 운송 방법, 동물에 대한 소유권 취득, 분양, 기증, 동물 실험, 관련 영업 등에 관한 사항을 담고 있어요. 동물 보호법은 동물 학대를 방지하는 등 동물을 보호·관리하고 공중 위생상의 위해를 막기 위하여 필요한 사항을 법으로 정함으로써 동물의 생명과 안전을 보호하고 복지를 증진하며 사람과 동물이 더불어 사는 생명 존중의 사회를 구현하고자 할 목적으로 1991년 법률로 제정되었습니다.

동물 화장품 실험 개발이 끝난 화장품 또는 화장품의 각 성분을 동물에게 투여하는 실험이에요. 어떤 경우에는 제품의 알러지 반응등을 테스트하기 위해 제품이나 성분을 눈·코·입을 포함한 동물의 점막에 주입하기도 해요.

동물권 동물에게도 인간처럼 권리가 있다는 말이에요. 동물이라 할지라도 인간과 같은 기본적 권리, 즉 생명권이 있으며 '동물 복지'와 '동물 해방'의 권리를 누려야 한다는 의미랍니다.

유전병 유전자나 염색체에 있는 해로운 변이 때문에 생기는 질병이에요. 이상이 있는 유전자가 유전에 의해 자손 세대에 전해져 정신적, 신체적 질환으로 나타나는데 대표적인 유전병으로는 혈우병, 색맹, 간질, 다운증후군 등이 있어요.

장기 칩 장기의 미세한 구조를 재현한 3차원 칩에 장기를 구성하는 세포를 배양해 마치 장기와 같은 기능을 갖도록 한 인공 장치를 말해요. 동물 실험의 한계를 극복할 수 있는 대체 시험법으로 사용되고 있으며, 혈관, 폐, 간 등 장기를 구성하는 세포를 3차원으로 배양해 전자 회로가 형성된 미세 유체 칩 위에 놓고 실제 생체 환경을 모방함으로써 약물에 대한 반응성을 시험하고 있어요.

동물 실험 관련 사이트

한국 실험 동물 협회 kafla.kr
국내 실험 동물 사용·관리 등에 관한 교육, 국내 실험물 시설의 안전 관리를 비롯 실험 동물에 관한 정보를 제공하고 있어요.

동물 실험 윤리 위원회 www.animal.go.kr
동물 실험 시행 기관에서 실시하는 동물 실험이 동물 실험의 원칙에 따라 수행될 수 있도록 유도하고 감시하는 역할을 하고 동물 실험 시설 운영자와 종사자에 대하여 실험 동물 보호와 윤리적인 취급을 위한 교육을 실시하고 있어요.

한국 생명 공학 연구원 실험 동물 자원 센터 mouse.kribb.re.kr
국내외 우수 실험 동물 자원 확보, 보존, 종자 보급, 관리 등을 하고 있으며, 동물 실험이나 실험 동물 활용 기술을 지원하고 있어요.

동물 자유 연대 www.animals.or.kr
'고통을 호소하는 모든 생명체는 그 고통을 해소받을 권리가 있다.'라는 슬로건으로 1999년부터 동물권 및 동물 복지를 위해 활동하고 있는 단체예요. 후원금으로 운영되며, 후원금은 구조 동물 보호 및 동물 권리의 옹호에 사용하고 있어요.

비글 구조 네트워크 cafe.naver.com/thebeagle
논산에 위치한 비글 구조 비영리 단체로 주인에게 버림받은 비글과 동물 실험에 사용되었다가 풀려난 비글을 데려와서 임시 보호하고 있어요.

신나는 토론을 위한 맞춤 가이드

동물 실험에 대한 이야기를 재미있게 읽었나요? 이제 동물 실험의 실태를 알고 실험 동물들의 처지에 공감하게 되었다고요? 그 전에 마지막 단계인 토론을 잊지 마세요. 토론을 잘하려면 올바른 지식과 다양한 정보가 바탕이 되어야 해요. 책을 다 읽고 친구 또는 엄마와 함께 신나게 토론해 봐요!

잠깐! 토론과 토의는 뭐가 다르지?

토론과 토의는 모두 어떤 문제를 해결하기 위해 의견을 나누는 일입니다. 하지만 주제와 형식이 조금씩 달라요. 토의는 여러 사람의 다양한 의견을 한데 모아 협동하는 일이, 토론은 논리적인 근거로 상대방을 설득하는 일이 중요합니다. 토의는 누군가를 설득하거나 이겨야 하는 것이 아니기 때문에 서로 협력해서 생각의 폭을 넓히고 좋은 결정을 내릴 때 필요해요. 반면 토론은 한 문제를 놓고 찬성과 반대로 나뉘어 서로 대립하는 과정을 거치지요. 넓은 의미에서 토론은 토의까지 포함하는 경우가 많습니다. 토론과 토의 모두 논리적으로 생각 체계를 세우고, 사고력과 창의성을 높이는 데 도움을 준답니다.

토론의 올바른 자세

말하는 사람
1. 자신의 말이 잘 전달되도록 또박또박 말해요.
2. 바닥이나 책상을 보지 말고 앞을 보고 말해요.
3. 상대방이 자신의 주장과 달라도 존중해 주어요.
4. 주어진 시간에만 말을 해요.
5. 할 말을 미리 간단히 적어 두면 좋아요.

듣는 사람
1. 상대방에게 집중하면서 어떤 말을 하는지 열심히 들어요.
2. 비스듬히 앉지 말고 단정한 자세를 해요.
3. 상대방이 말하는 중간에 끼어들지 않아요.
4. 다른 사람과 떠들거나 딴짓을 하지 않아요.
5. 상대방의 말을 적으며 자기 생각과 비교해 봐요.

체계적으로 생각하기
동물 실험에 대해 아시나요?

세계 실험 동물의 날이 제정된 이후로 동물 실험을 반대하는 행사가 끊임없이 이어지고 있어요. 하지만 우리나라는 실험이 매년 늘고 있어요. 아래의 기사를 읽고 질문에 답해 보세요.

한 대학에서 생물 의학을 전공한 김모(23) 씨는 암 유전자와 분자 생물학적 데이터 분석을 위해 쥐를 이용하는 실험을 하던 중 가장 불편한 순간을 겪었다. 태어나기 전의 쥐로부터 직접 추출해 낸 세포를 얻기 위해 새끼를 밴 상태였던 어미 쥐를 해부해야 했기 때문이다. 뿐만 아니라 쥐에게 질병을 일으키는 약물을 투여하고 실험 후 경추 탈골로 반복해서 쥐를 죽이는 것이 너무나 힘들었다. 하지만 동물 실험에 들어가기 전 어떤 동물 윤리 교육도 받지 못했다고 했다. 결국 김씨는 대학원에서는 실험을 하지 않아도 되는 분야로 전공을 바꿨다. 김씨는 "동물 실험이 질병 치료에 기여한다는 것은 알고 있지만 나뿐만 아니라 주변의 모든 친구들이 동물에게 비윤리적인 방법으로 실험을 하는 것에 반대하고 불편해했다."고 전했다.

오는 24일은 세계 실험 동물의 날이다. 연구 과정에서 실험 대상으로 쓰이는 동물들의 고통을 줄이고, 실험 자체를 줄여 나가자는 목적으로 1979년 영국에서 처음 제정됐는데 이날은 세계 곳곳에서 동물 실험을 반대하는 행사가 열린다.

하지만 우리나라의 실험 동물 현실은 반대다. 우리나라에서 실험에 동원되는 동물은 매년 늘고 있다. 농림 축산 검역 본부에서 발표한 '2017년도 동물 실험 및 실험 동물 사용 실태 조사 결과'에 따르면 국·공립 기관과 대학, 의료 기관, 기업 등 351곳에서 총 308만 2,259마리를 실험했다. 전년보다 7.1% 늘어난 수치로 바이오, 의약 분야 수요가 늘기 때문이라는 게 검역 본부 측의 설명이다. 동물 실험은 동물이 느끼는 고통의 정도에 따라 가장 낮은 A등급부터 가장 심한 E등급까지 5단계로 나뉘는데 절반이 넘는 66.5%가 D와 E 등급에 해당해 상당한 고통이 따르는 실험으로 확인됐다.

한국일보 2018/04/21

1. 세계 실험 동물의 날이 제정된 이유는 무엇일까요?

2. 동물 실험은 모두 몇 단계로 나뉠까요? 우리나라의 실험 동물의 절반 이상의 동물은 어떤 등급에 몰려 있는지 기사를 읽고 적어 보아요.

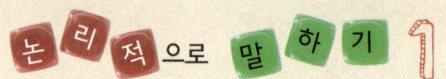

동물 해부 실습이 사라진 이유는?

교육부는 생명 존중 교육에 위배된다는 지적에 따라 2009년부터 초등학교 교육 과정에서 동물 해부 실습을 제외하였어요. 반면 이 결정이 학습권 침해라는 의견도 있어요. 어린이와 청소년에게 필요한 실습인지 아래의 기사를 읽어 보고 이야기를 나눠 보아요.

"왜 살아 있는 개구리를 죽여야 하는지 죄 짓는 기분이었어요."
직장인 신모(29) 씨는 15년 전쯤 중학교 과학 수업 시간에 개구리의 배를 갈랐던 기억이 생생하다. 그는 정확한 시기는 기억나지 않지만, 반강제적으로 해부 실습을 했던 장면만큼은 잊히지 않는다고 말했다.
신씨의 경우처럼 동물 실험이 미성년자에게 부정적인 영향을 미친다는 문제 제기는 꾸준히 제기돼 왔다. 해부 실습으로 정신적 충격을 받는 등의 부작용이 교육적 이익에 비해 크지 않고, 생명 윤리에도 어긋난다는 지적이 이어져 왔다.

(중략)

수의사 이모(39) 씨는 수의대 재학 시절 필수 과목인 해부학 수업이 지금도 '트라우마'로 남아 있다. 살겠다고 "꽥꽥" 소리 지르며 발버둥치는 새끼 돼지의 목을 주사기로 찌르는 것도 힘들었지만 불과 몇 분 전까지 살아 있던 돼지의 시체를 해부하며 회의감이 밀려왔다. 이씨는 "처음에는 모두 힘들어하지만 실습이 반복되다 보면 어쩔 수 없다고 합리화하며 둔감해지는 데 그게 더 무섭게 느껴졌다."며 "이런 동물 실험·실습이 연구자나 수의사로서의 역량을 키우는 데 도움이 되는 것도 아니다"고 말했다. 무엇보다 동물을 실험 대상으로 접하는 것은 자아 형성 시기인 어린이·청소년에게 부정적인 영향을 줄 수 있고, 그 자체로 정신적인 충격을 받을 가능성도 크다. 일각에서는 동물 해부 실습을 제한하는 것이 학생들의 학습권 침해라는 주장도 있다.

세계일보 2020/04/24

1. 동물 해부 실습을 어린이와 청소년이 했을 경우 어떤 부정적인 영향이 있는지 기사를 읽고 정리해 보아요.

2. 동물 해부 실습을 제한하는 것이 학생들의 학습권 침해라는 주장에 대해 본인의 의견을 말해 보아요.

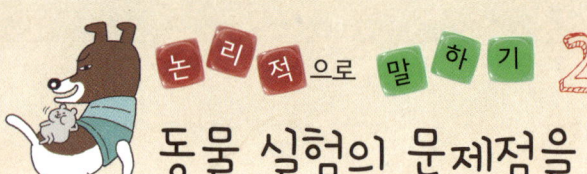

동물 실험의 문제점을 최소화하는 방법은 없을까요?

동물 실험을 대체할 수 있는 방법은 어떤 것이 있는지 아래의 기사를 읽고 질문에 답해 보세요.

국내 수의대에서도 동물 실험을 줄이기 위해 모형을 도입하는 시도 등을 하고 있지만 아직은 걸음마 수준이다.

서울대 수의대에서는 채혈 등 기본적인 실습도 실 동물 한 마리에 여러 번 실습하기를 꺼려한 학생들이 암묵적으로 포기하는 것을 보고 2014년 미국의 한 동물 보호 회사가 만든 수의 임상 실습용 개와 고양이 모형 등을 도입한 데 이어 지난해에는 개 중성화 모형을 도입해 실습에 활용했다.

생체와는 달리 실습 효과가 의문이라고 하는 의견도 있지만 무한 반복 실습이 가능한 게 장점이다. 서울대 수의대 피부과에서는 또 학생이나 교직원을 대상으로 피부병이 있는 반려동물을 모집해 실습 과정에서 직접 진료를 보는 과정을 도입하기도 했다. 매년 8마리 정도가 꾸준히 참가해 따로 학교에서 실습견을 둘 필요가 없어졌다.

○○○ 서울대 수의대 교수는 "아직 실습용 모형 가격이 비싸기 때문에 제한적으로만 활용되고 있는 한계가 있지만 모형 실습 방법을 개발하고 확대하면 충분히 불필요한 실험을 대체할 수 있을 것으로 본다."며 "동물뿐 아니라 연구자들을 위해 불필요한 동물 실험을 줄이기 위한 프로그램에 대해 논의하고 확대해야 한다."고 강조했다. 이에 대해 ○○○ 비글 구조 네트워크 단체 대표는 "동물 모형 교구를 사용하거나 VR(가상현실)을 활용하는 등 대체 가능한 수단이 이미 널리 활용되고 있다."며 "대체 모델 및 컴퓨터 소프트웨어로 공부한 학생들이 실제로 해부에 참여한 학생보다 학습효과가 뛰어났다는 연구도 있다."고 반박했다.

한국일보 2018/04/21

1. 동물 실험이 아닌 개와 고양이 모형 등을 활용하는 경우 장점이 무엇일까요?

2. 위 기사에서 동물 실험을 줄이기 위해 어떤 방법을 활용하고 있는지 적어 보세요.

3. 학생들이 한 마리에 여러 번 실습하기를 꺼리는 이유가 뭐라고 생각하나요?

4. 실제 동물 실험을 하는 경우와 모형이나 VR(가상현실)를 활용했을 때 어떤 차이가 있을까요?

 **창의력 키우기**

동물 실험은 매우 오래전부터 시행되어 왔어요. 동물 실험은 의학을 발달시키는데 큰 역할을 했다고 볼 수 있어요. 하지만 동물 실험을 통해서 얻은 결과가 인간에게 적절하지 않다는 증거들이 나오면서 지속적인 논란이 되고 있어요. 지금 바로 동물 실험을 중단할 수는 없지만 동물의 권리와 복지, 동물 실험을 대체할 방법을 찾고 있어요. 일상에서 동물들의 복지와 권리를 위해 우리가 할 수 있는 것으로는 무엇이 있을까요?

예시 답안

동물 실험에 대해 아시나요?

1. 세계 실험 동물의 날은 연구 과정에서 실험 대상으로 쓰이는 동물들의 고통을 줄이고, 실험 자체를 줄여 나가자는 목적으로 1979년 영국에서 처음 제정되었다.
2. 동물 실험은 고통을 느끼는 정도에 따라 A~E등급으로 나뉘어진다. 우리나라는 D와 E등급에 해당되는 독성 실험이 절반 이상이다.

동물 해부 실습이 사라진 이유는?

1. 동물 해부 실습은 연구자나 수의사로서의 역량을 키우는 데 도움이 되는 것도 아니고 특히 미성년자는 동물 해부 실습 과정에서 큰 충격이나 고통을 받을 수 있다. 동물의 생명을 함부로 다뤄도 된다는 생각을 갖게 될 우려도 있다.
2. 학생들은 동물 해부 실습을 통해 동물의 장기나 뼈, 근육 등을 직접 관찰하며 과학적 지식을 생생하게 보고 배울 수 있다. 동물 해부 실습은 현실적이고 사실적인 지식을 쌓게 한다는 점에서 교육적 효과를 지니고 있다. 반면에 그림·모형 등은 현실성이 떨어질 수밖에 있다. 동물 해부 실습을 하는 과정에서 학생들은 생명 과학에 흥미를 느끼고, 관련 분야로 진로를 설정할 수도 있다. 따라서 미성년자 동물 해부 실습 금지는 학생들의 학습권을 침해할 수 있다는 점에서 적절하지 않다.

동물 실험의 문제점을 최소화하는 방법은 없을까요?

1. 무한 반복 학습이 가능하고 불필요한 동물 실험을 줄일 수 있다.
2. 수의 임상 실습용 모형이나 가상 현실을 통해 실습을 한다. 피부를 실험하는 경우 실습견을 따로 두지 않고 피부병이 있는 반려동물을 모집하는 방법도 있다.
3. 실험 동물 한 마리에 채혈이나 기본적인 실습을 반복하다 보면 동물이 느끼는 고통이 고스란히 전달될 뿐만 아니라 비윤리적인 실험이라는 생각이 들기 때문이다.
4. • 실제 동물 실험: 살아 있는 동물을 실험하는 경우 직접 눈으로 보고 만져 보면서 실습 효과가 매우 높다고 주장하는 반면 가상 현실이나 모형을 이용할 경우 실습 효과가 떨어진다고 주장한다.
    • 모형 동물 실험: 그러나 모형이나 가상 현실을 이용하는 실습을 하는 경우 불필요한 실험을 대체할 수 있고 무한 반복 실습이 가능하며 실제 해부에 참여한 학생보다 학습 효과가 뛰어났다고 주장한다.

AI 시대 미래 토론

과학토론왕
정가 520,000원

✔ 뭉치북스가 만든 국내 최초 토론
✔ 한국디베이트협회와 교

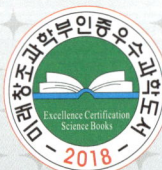

200만 부 판매 돌파!

공부다!
인재를 위한 교과서

사회토론왕
정가 520,000원

✓ **초등 국어 교과서 선정 도서!**

문가들이 강력 추천한 책!

- 한우리 추천도서
- 경향신문 추천도서
- 경기도 초등토론 교육연구회 추천
- 경기도 지부 독서 골든벨 선정도서
- 환경정의 어린이 환경책 권장도서
- 학교도서관 사서협의회 추천도서
- 한국 아동문학인협회 우수도서